韓国に遺る日本の建物を訪ねて

やまだトシヒデ
TOSHIHIDE YAMADA

Kan Kan Trip

（戦前絵ハガキ）仁川全景

はじめに

何度かソウルを訪問したことがある人には、現代的な街としてのソウルは、韓国にとって発展をつづける象徴のように目に映ることでしょう。

しかし路地を一歩入ってみるとそこにはとても懐かしい風景が広がり、ほっとさせられるという人も多いでしょう。

私がはじめて韓国を訪れた1987年もそうでした。それがなぜなのか私にはすぐにわかりました。そこここに目につく建物の存在だったのです。どこかで見たような印象といってもいいでしょうか。好奇心旺盛な私はすぐにその建物を調べはじめました。

それはまるでパズルを解くようでもあり、しかも建物はどれも戦前の

（戦前絵ハガキ）鎮海全景

（戦前絵ハガキ）竣工当時のソウル駅

日本と韓国との不幸な歴史をもほうふつさせるものでした。

だから、この本はいわば韓国と日本のねじれた関係性を解きほぐす役目を果たしてくれるのではないでしょうか。

どの建物も建てられた時代の空気をまとい、その佇まいはその過ぎた時代の名残りをとどめています。秘めた歴史のひそやかな息遣いを感じることができれば、その建物がまた別の香りを放っていることに気付くでしょう。

建物の歴史はまた、その時代を生きた人々の息遣い、哀しみや喜びの気持ちまでもとどめているからです。

建物は、時代の空気に敏感に反応しながら、時代のままだったり、微妙に形を変えたりしながら何かを訴えかけているようです。

（戦前絵ハガキ）南大門前を行くソウル市電

北朝鮮
북한
新炭里 신탄리
京元線
경원선
京畿道
경기도
東草
속초
都羅山
도라산
議政府
의정부
春川
춘천
江原道
강원도
江陵
강릉
坡州
파주
京春線
경춘선
京義線
경의선
ソウル
서울
東海
동해
アウラジ
아우라지
仁川広域市
인천광역시
ソウル
特別市
서울특별시
原州
원주
堤川
제천
太白線
태백선
三陟
삼척
龍山
용산
光明
광명
水原
수원
龍仁
용인
ミンドゥンサン
민둥산
東栢山
동백산
蔚珍
울진
忠北線
충북선
天安
천안
嶺東線
영동선
栄州
영주
忠清南道
충청남도
忠清北道
충청북도
天安牙山
천안아산
五松
오송
安東
안동
長項線
장항선
鳥致院
조치원
慶北線
경북선
保寧
보령
中央線
중앙선
大田広域市
대전광역시
慶尚北道
경상북도
KTX
亀尾
구미
浦項
포항
論山
논산
西大田
서대전
永川
영천
金泉
김천
群山
군산
東大邱
동대구
益山
익산
慶州
경주
湖南線
호남선
大邱広域市
대구광역시
新慶州
신경주
全羅線
전라선
全羅北道
전라북도
慶尚南道
경상남도
井邑
정읍
蔚山
울산
蔚山広域市
울산광역시
密陽
밀양
南原
남원
太和江
태화강
光州広域市
광주광역시
慶全線
경전선
光州 광주
順天
순천
晋州
진주
統営
통영
釜山 부산
釜山広域市
부산광역시
光州松汀
광주송정
全羅南道
전라남도
木浦
목포
麗水エキスポ
여수엑스포
高興
고흥
対馬
莞島
완도
韓国全体 MAP
한국 은행 화폐 금융 박물관
済州市
제주시
済州島 제주도
西帰浦市
서귀포시

1章

ソウル特別市・中区

서울 특별시·중구　ソウルトゥクピョルシ・チュング

南大門市場もソウル駅も市庁も、ソウル中心部、東京でいえば丸の内、日比谷、京橋、銀座のようなところ。一見したところ、開発が進んでビルばかりのように見えるが、細かく調べていくと昭和初期や明治・大正期の古い建物があちらこちらに……。

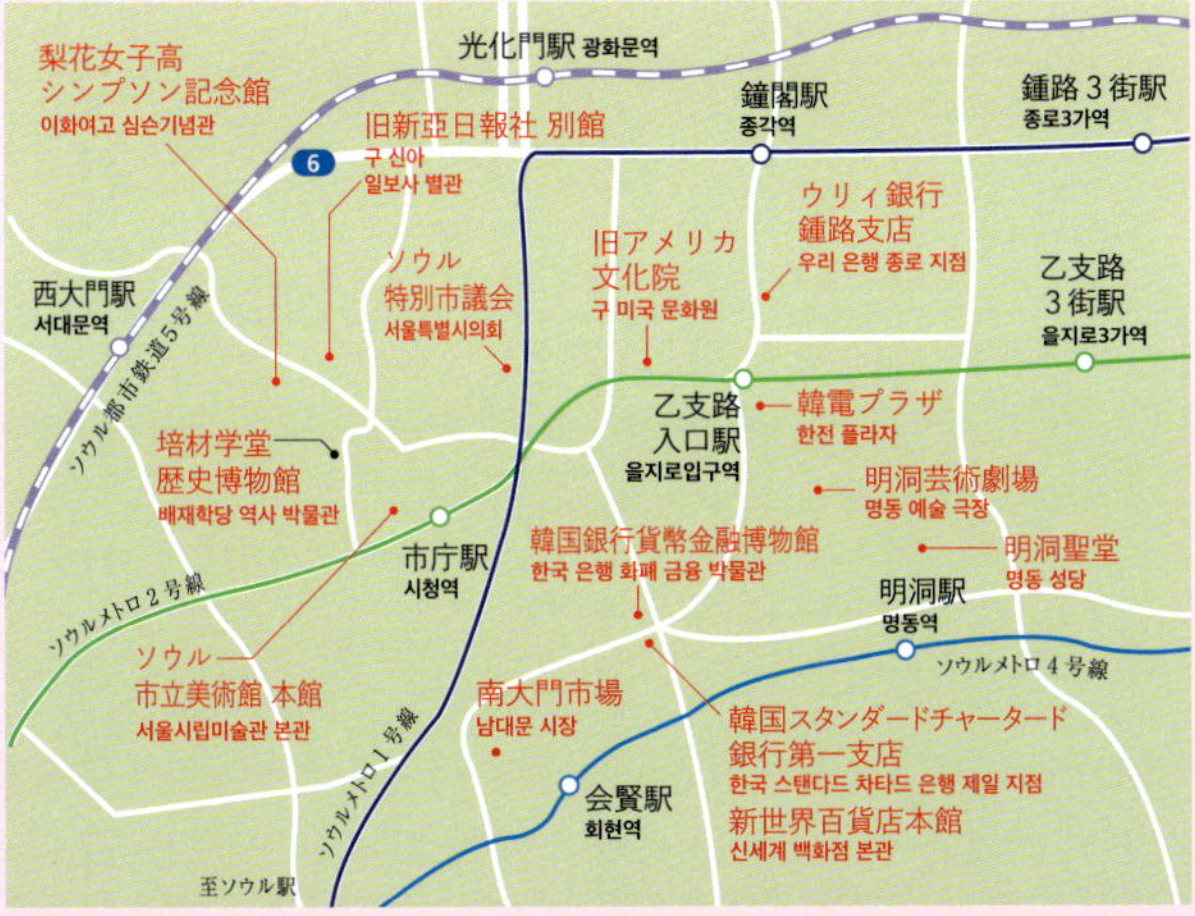

東京駅丸の内口に似ている現役当時の面影をとどめる旧ソウル駅

文化駅ソウル２８４

南大門と並ぶ ソウルのランドマーク

６００年以上もの歴史を誇り、李氏朝鮮王朝の王様の住む都でもあった韓国の首都・ソウル。そのランドマークといわれて頭に思い浮かぶ建物が二つある。一つは南大門、もう一つがソウル駅の旧駅舎である「文化駅ソウル２８４」である。南大門のほうは韓国国宝第一号だったが、２００８年に放火で全焼、２０１３年５月に復旧工事が完成した。

一方、ソウル駅の旧駅舎はその前身である南大門駅を建て替える形で１９２５年10月15日に完成した。当時の名前は日本統治時代の都市名に合わせて「京城《けいじょう》駅」。それがソウル駅と改名されたのは1947年。東海道新幹線開業前の新橋駅烏森口みたいだという人もいるが、初めてこの駅を見たときは何やら東京駅丸の内口のようで、思わず、ソウル駅「丸の内口」というあだ名をつけてしまったほどだ。

　私が初めて訪韓したのは1987年のこと。大田《テジョン》や釜山《プサン》などに列車で出かけるたびに利用した想い出深い駅で、出札口にはいつも長い列ができていた。

　日本統治時代と朝鮮戦争をくぐりぬけた韓国近代史の象徴ともいえるソウル駅も2004年のKTX開業に伴い、2003年12月31日をもって閉鎖され、駅としての機能は現在のソウル駅にバトンタッチされた。

　そのあとは、長い間ホームレスが寝泊まりする廃墟となっていたが、そこは韓国史跡第284号に指定された建物。2008年に開業当初の

混み合う 1993 年頃の改札口

1993 年頃の案内カウンター

駅舎脇には旅行センター

姿に復元された上、博物館を兼ねた文化施設に生まれ変わった。「文化駅ソウル284」の284とは「史跡第二八四号」からの命名である。

　博物館には設計者である塚本靖《つかもとやすし》東京帝大教授（1869〜1937）のサイン入り外観図や竣工時の写真、かつてのソウル駅を映したビデオ、昔の時刻表、改札用のハサミ、ボール紙でできた古い切符などが展示されているほか、貴賓室や食堂などが復元されている。貴賓室や食堂は広いスペースを利用して、音楽会や展示会が行われているようで、私が行ったときはグランドピアノと折りたたみ式のいすが並んでいた。かつてのソウル駅の食堂はグリルと呼ばれ、昭和戦前から「漢江の奇跡」と呼ばれた高度成長期までソウルで洋食といえばここだった。映画や小説の舞台にもなり、ここ一番の会食や政治家の密談にも利用されていた

マホガニー調で高級感漂うかつての食堂の配膳台

天井の高い旧貴賓室

おしゃれな階段とシャンデリア

とか。

新駅舎の3階で今も営業を続けているソウル駅グリルは、コース料理もある。戦前を知る方にはぜひ、当時の味を残しているかどうか、試してほしいものだ。

明治~昭和戦前の韓国の赤煉瓦駅舎として現存する唯一の建物。これからも大切にしてほしいものだ。

なお、入場料は基本的に無料だが、開催するプログラムによっては別途入場料が必要な場合もある。基本的にはパンフレットなどは韓国語のものしか用意されていないことが多い。

KTX が発着する現在のソウル駅

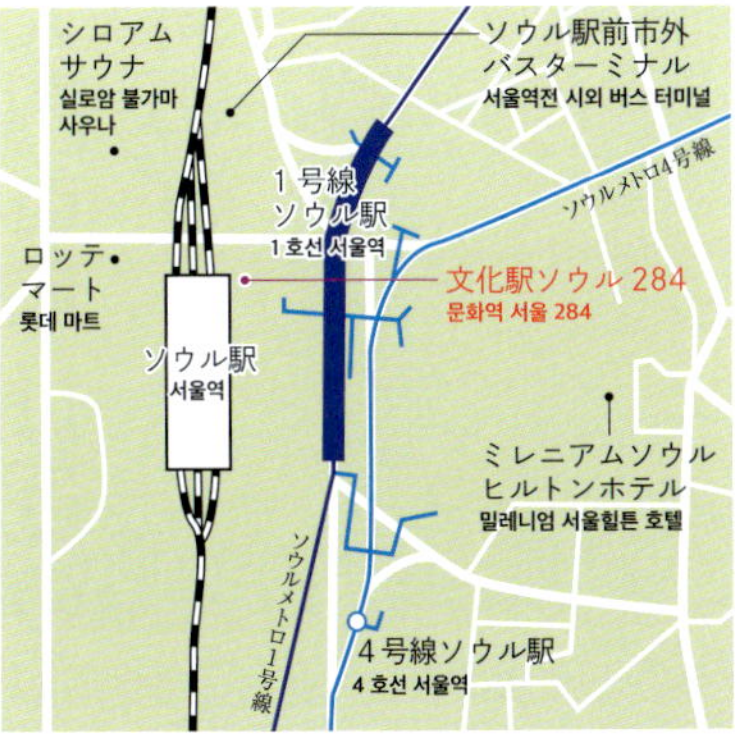

文化駅ソウル 284

문화역 서울 284

ムナヨクソウル 284

住所　：ソウル特別市中区統一路 1

開館時間　：10：00 ～ 19：00（入場は 18：00 まで）

休館日　：月曜、1月1日、旧正月

入場料　：展示内容により異なる。独自企画は無料。他団体による企画展は有料。

韓国銀行貨幣金融博物館

南大門市場付近の3軒のビル

韓国銀行、スタンダードチャータード銀行、新世界百貨店の3軒がある辺りだけ昔のままだ

ソウルの何とど真ん中、南大門市場のすぐ近くに昔のビルが解体されずに3つもまとまって建っているところがあるのだ。

場所はソウルメトロ2号線の乙支路入口《ウルチロイプク》駅7番出口を出て、ロッテ百貨店のある方向に5、6分歩いた辺り。

あるいはソウルメトロ4号線会賢《フエヒョン》駅7番出口からロッテ百貨店の方向に5分ぐらい歩いても行ける。

限定販売されている鋳造コインセット

韓国銀行貨幣金融博物館

한국 은행 화폐 금융 박물관
ハングㇰ ウネン ファペ クミュン パンムㇽグァン

住所　：ソウル特別市中区南大門路 39
開館時間：10：00～17：00
休館日　：月曜、年末年始、旧正月・秋夕の連休
入場料　：無料

日本銀行と同じ辰野金吾博士の設計

一つ目は韓国銀行貨幣金融博物館。日本統治時代は朝鮮銀行本店だった建物である。東京の日本銀行本店と同じ辰野金吾博士設計で1912年に完成した石造の建物。大韓民国史跡280号に指定されている。内部は世界各国の貴重な貨幣4500点が展示されているのだが、中には韓国最初の金貨で朝鮮王朝末期に日本の大蔵省造幣局で造幣された時価一億ウォンの珍しい5ウォン金貨、高麗時代に作られた韓国最初の銀貨でひょうたん型の「銀瓶《ウンビョン》」、ウォンになる前の通貨単位「ファン」で発行された紙幣など韓国の歴史を物語る珍しい貨幣も展示されている。

ミュージアムショップで限定販売されている鋳造コインセットは見つけたらぜひお土産に！普通は見ることのできない1ウォン玉、5ウォン玉が入っている貴重なものだ。

元朝鮮貯蓄銀行本店平林金吾の設計

その韓国貨幣金融博物館の道路を挟んで反対側にある石造の古風な四角いビルが韓国スタンダードチャータード銀行第一支店。

ここは日本統治時代に朝鮮貯蓄銀

中は天井が高くてまるで宮殿の中みたい

行本店だった建物で、１９３５年に平林金吾の設計により完成した建物。ソウル特別市有形文化財71号に指定されている。

　この朝鮮貯蓄銀行は大韓民国独立後の１９５８年に第一銀行と改名したが、１９９７年のＩＭＦ通貨危機で倒産し、米国投資ファンドの手に渡り、２００５年にＳＣ第一銀行、２０１２年に韓国スタンダードチャータード銀行と次々に名前を変えていった。内部はリフォームされて普通の銀行になっているが、日本円の両替に利用するのもいいかもしれない。

　因みに第一銀行時代のロゴマークは親指を立ててナンバー・ワンを表現した指のデザインで、それが見ようによっては沈没する船に似ていると友人が言っていたところ、本当に倒産してしまってビックリ！

韓国スタンダードチャータード銀行第一支店

１９３０年竣工　かつての三越百貨店京城支店

　さて、韓国スタンダードチャータード銀行第一支店のお隣は、新世界百貨店本館。

韓国スタンダードチャータード銀行第一支店
한국 스탠다드 차타드 은행 제일 지점
ハングゥ ステンダードゥ チャータドゥ ウネン チェイル チジョム

住所：ソウル特別市中区忠武路１街53-1

何を隠そうここは１９３０年に竣工した三越百貨店京城支店で、その昔はシンボルのライオンのブロンズ像も店の前にあったとか。

　太平洋戦争敗戦により日本人が引き揚げると三越京城支店は東和百貨店と名前を変え、１９６３年にサムスングループが買収、１９６９年に新世界百貨店となった。

　１９８０年には経営、接客技術改善のため、１９８２年に元の持ち主

新世界百貨店本館

である三越百貨店による技術支援をうけたそう。

その時に、サムスングループの初代会長である李秉喆《イビョンチョル》氏が当時の三越百貨店の社長だった岡田茂氏を訪ねて頭を下げたという噂を聞いたことがあるが、定かではない。なお、1997年に新世界百貨店はサムスングループから独立し、独自の流通グループを形成している。

新世界百貨店本館

신세계백화점 본관
シン セ ゲ ペ ックァ ジョム ポン グァン

住所　：ソウル特別市中区小公路 63
営業時間：10：30 ～ 20：00（延長営業時は 20 時 30 分で閉館）
休館日　：1 月 1 日、旧正月、秋夕のほか、月 1 回不定期で休業

※ 1930 年竣工の本館はブランド物を扱うデザイナーズコレクションの売り場。食品、ハンドバッグ、化粧品、雑貨、紳士服、リビングなどのコーナーは隣の新館にある。日本語通訳サービス員も常駐していて、ショッピングのお手伝いや免税の手続きもやってもらえる。

ヘレン・ケラーが講演会をやったこともある

ソウル特別市議会

萩原孝一設計の元京城府民館 当時は映画館と市民ホール

コリアナホテルの隣に立つ背の高い塔屋の付いた鉄筋コンクリート3階建ての白いビルには塔屋の部分にハングルで「ソウル特別市議会」と書いてある。一見すると今風のビルであまり古臭さを感じさせないのだが、実はこれも日本統治時代の建物である。

1935年に萩原孝一の設計で建設された京城府民館というモダニズム様式の当時としてはかなり斬新で未来的なビルだった。

現在はソウル特別市議会庁舎として使われているが、当時は映画館として使われたほか、市民ホールという要素があったため、ベルリンオリンピックのマラソン代表だった孫基禎《ソンギチョン》の凱旋報告会やヘレン・ケラーの講演会などにも活用された。

また大韓民国政府樹立後は1954年から1975年まで国会議事堂として活用された歴史のある建物である。

ソウル市議会堂ということもあり、内部の見学はできないが、歴史ある建物なのでコリアナホテルの前を通るときは歴史の舞台であったことを思い出してみよう。

ソウル特別市議会

서울특별시의회

ソウルトゥクピョルシウィフェ

住所：ソウル特別市中区
世宗大路 125

韓電プラザ

朝鮮半島初の耐火・耐震設計！元京城電気株式会社

昔はここでソウル市電の経営もやっていた

その昔、ソウル市電を運営していたのは電力会社であった京城電気株式会社である。その本社の建物が、実はまだ残っている。

それがこちら「韓電プラザ《ハンジョンプラジャ》」。韓国電力公社本社は1979年に汝矣島《ヨイド》に移転し、のちには1981年、ソウル市江南区に移っているが、この建物は韓国電力公社のソウル地域本部事務所として機能している。

竣工は1928年。当時は日本統治下の朝鮮半島で初めての耐火・耐震設計でエレベーター付きの最新式である。当時最新鋭のオフィスビルとして建てられた。

周辺のビルにはまだエレベーターがない時代になんと2台も設置され、電力会社であることをアピールするかのように夜は電気が煌々と点いていたと伝えられている。

韓国は地震がほとんどない国である。あっても日本に近い釜山周辺で小さな地震がある程度というだけあって、20階建てや30階建ての高層マンションが普通に建っている。

そのこともあって、本来、日本と比べて耐震設計の基準は低い。しかし、関東大震災の被害がとても記憶に新しかった時代の建物だけに、とんでもなく丈夫に作られてしまったということのようだ。そのこともあって韓国では今でも現役として十分通用する建物がたくさんあり、この建物もその一つだ。

韓電プラザ

한전 플라자

ハンジョンプラジャ

住所：ソウル特別市中区
南大門路２街５番地

※博物館やギャラリーではなく事務所なので内部は公開されていない。

ウリィ銀行鍾路支店

ビルの谷間のかわいい赤煉瓦2階建て

ソウルメトロ1号線鍾閣駅とソウルメトロ2号線乙支路入口の間のや乙支路入口駅寄りの辺りに赤煉瓦2階建てのちょっとロシア風デザインのかわいらしい建物がある。おしゃれなレストランでも似合いそうな建物だが、実はここは銀行。ウリィ銀行鍾路支店だ。1909年に完成した韓国で一番古い銀行の建物。当初は「広通館」という集会所だった。その後すぐ大韓天一銀行になり、1911年には朝鮮商業銀行と改名、日本が朝鮮半島から引き揚げると「韓国商業銀行」となった。1997年のIMF危機で韓国の銀行が整理・統合されると、ハンピッ銀行を経てウリィ銀行と名前を次々に変えるなど数奇な運命をたどる。

入口には「朝鮮商業銀行鍾路支店」という日本統治時代の看板もかかっている。中もさぞや……と期待して、両替をしに入ってみたところ、普通の銀行で、銀行の人に日本統治時代の遺物がないかと尋ねてみると、「リフォームしちゃって、内部は昔の面影はないですねぇ」とのことだった。

ウリィ銀行鍾路支店

우리 은행 종로 지점

ウリウネン　チョンノ　チジョム

住所：ソウル特別市中区南大門路1街19番地

入口には「朝鮮商業銀行鍾路支店」

1909年竣工の韓国で最も古い銀行建築物

梨花女子高校 シンプソン記念館

韓国で最初の女子教育機関 朝鮮王朝26代王高宗が命名

ソウルメトロ2号線梨大前駅《イーデアプ》からすぐのところにある名門校・梨花女子大学の高等部・梨花女子高校は、実は梨大前駅のそばにはなく、ソウル都市鉄道公社5号線西大門駅《ソデムン》とソウルメトロ2号線の市庁駅《シチョン》の間あたりにある。女子高校の敷地内なので、男性見学者の場合だと、入るのにちょっと抵抗感があるが、入口の守衛さんに断れば、外観写真は比較的自由に撮れる。

シンプソン記念館は1915年に米国人のサラ・シンプソンの基金により建設された、この女子高で一番古い建物である。

梨花女子高・梨花女子大の前身「梨花学堂」はアメリカ人宣教師メアリー・F・スクラントン女史により創設された韓国で最初の女子教育機関で、学校名は朝鮮王朝26代王の高宗が命名。当初の生徒はたった一人で、授業教科は聖書と英語と韓国語だったとか。

すぐ隣の敷地は「旧ソンタクホテル跡」。1902年に韓国で最初に洋食を食べられるレストラン兼ホテルとしてアントワネット・ソンタク女史が開業したのがソンタクホテルである。このホテルは1917年に閉鎖され、跡地は梨花学堂の寄宿舎になってしまったため、建物はなく、記念碑だけが残っている。

学校法人梨花学院が管理する文化財校舎

梨花女子高校シンプソン記念館

이화여고　심슨기념관

イファヨゴ　シムスンキニョムグァン

住所：ソウル特別市中区貞洞32番地

1928年に竣工した３階建の建物

ソウル市立美術館本館

1928年に岩井長三郎設計 元京城裁判所

徳寿宮《トクスグン》の向かいにあるソウル市立美術館本館の建物はどこか重々しくて威圧的な感じがある。

それもそのはず。元をただせばソウルの最高裁判所こと「大韓民国大法院」で、日本統治時代は京城裁判所だった。

朝鮮総督府の岩井長三郎技師が設計し、竣工は１９２８年。ゴシック様式で正面玄関の３つのアーチとファサードの四連アーチがデザインのポイントとなっている。

内部は２００４年に美術館に転用された際に全面改装されたため、裁判所の面影はなく、ごく普通の美術館である。戦前のおどろおどろしい裁判所を連想させるようなものは何も残っていない。

その代わり、ここが裁判所だったせいで変な都市伝説がある。この裁判所と徳寿宮の間の道「トルダムキル」をカップルで歩くと必ず別れが来るという。デートの時はこの道はいつも避けた方がいいというのだがどうだろう。オシャレな道なのに……。

ソウル市立美術館本館

서울 시립 미술관 본관

ソウル シリプ ミスルグァン ポングァン

住所	：ソウル特別市中区徳寿宮ギル 15
開館時間	：10：00 ～ 20：00（3 ～ 10 月の週末は 19 時で閉館、11 ～ 2 月の週末は 18 時で閉館）
休館日	：月曜、1 月 1 日
入場料	：特別展以外入場無料

旧アメリカ文化院（ソウル市庁乙支路別館）

1938年松井貫太郎設計 戦前の三井物産京城支店

戦後しばらくはアメリカ文化院だった

ソウルメトロ2号線乙支路入口駅を出て、ソウル市庁に向かう道の途中に鉄筋コンクリート4階建てで、平面と直線を多用する昭和初期の日本で流行したモダニズム様式を思わせるオフィスビルがある。

ここは戦前の三井物産京城支店。日本統治時代の商社の建物である。松井貫太郎の設計。1938年に建設されたもので、木造2階建ての社屋を建て替えたものである。

太平洋戦争後、1948年から米軍が占拠し、このビルはアメリカ文化院となった。そして全斗煥軍事政権下で民主化運動が盛んだった1985年、民主化を訴える大学生がこのビルに立てこもるという「大学生アメリカ文化院占拠座り込み事件」の現場にもなった。

この事件は1980年に大統領に就任した全斗煥が、光州市民に発砲した光州事件をきっかけに、米軍が市民弾圧に協力したことから、反米感情が一気に高まり、発生したものであった。

その後、ビルは外観はそのままでソウル市の支配下に入り、現在はソウル市庁乙支路別館《シチョンウルチロビョルグアン》となった。

建物の中も一応見せてもらったのだが、ごく普通の事務所でしかなく、写真でお目にかけられるようなレトロなものが見当たらず、ちょっと残念！

旧アメリカ文化院

구 미국 문화원

ク ミグク ムナウォン

住所：ソウル特別市中区乙支路1街63番地

韓国で最も歴史のある高校の校舎だった

培材学堂歴史博物館

朝鮮王朝末期のミッションスクール その後、名門男子校 ペ・ヨンジュン出身

韓国で最も歴史の長い高校は私立の男子校「培材高等学校」。エリート校として有名だ。

１９１６年に建てられ、１９８４年まで使用されたその培材高校の古い校舎が現在博物館として公開されている。

培材高校は朝鮮王朝末期の１８８５年にアメリカ人宣教師・Ｈ・Ｇ・アペンゼラーが設立したミッションスクールで当初は「培材学堂」といった。

その後、１９３７年に旧制中学となり、解放後の１９５１年に新制高校が中学に併設され、１９９２年には大田広域市に系列の総合大学「培材大学校」も開学している。

ヨンさまことペ・ヨンジュン氏はこの中等部出身。そのほか歴史上の人物だと韓国初代大統領の李承晩《イスンマン》もここの出身だった。身近なところでは、私が留学から帰った後、韓国語を忘れないように師事した元ＮＨＫ国際放送局アナウンサーで日本の韓国語講師の草分けとなった一人でもある金裕鴻《キムユーホン》氏もこちらのご出身。

培材学堂歴史博物館
배재학당 역사박물관
ペジェハクタン ヨクサ パンムルグァン

住所：ソウル特別市中区貞洞 34-5 培材貞洞ビル東館
開館時間：10：00～17：00
休館日：月曜、祝日
入場料：無料

上 /1930 年代竣工の赤レンガビル
下 / 半地下式窓が「地下１階」

旧新亜日報社別館

１９３０年代建設の
シンガーミシン営業所ビル
韓流ドラマにも登場

徳寿宮脇のイチョウ並木である貞洞《チョンドン》キルを独立門のある方向に歩くと、並木に覆われ、玄関の下に半地下室の窓が見える古めかしい赤煉瓦の建物が見えてくる。

ここはかつて全斗煥大統領が言論統制を行うために１９８０年に、強引に京郷新聞に吸収合併させる形で解散させてしまった新亜日報という新聞社の社屋だった建物である。現在は単なる雑居ビルだが、元をただせば１９３０年代に建設されたシンガーミシンの営業所ビルだった。当初は地上2階・地下1階という背の低い建物だったが、１９６９年に新亜日報社がこのビルを購入した際に、3～4階を増築して、現在の姿になる。

韓流ドラマ「90日愛する時間」ではカン・ジファン演ずるヒョン・ジソクがヒロインのコ・ミヨン（キム・ハヌル）のために用意するアパートのシーンで使われている。

旧新亜日報社別館
구 신아 일보사 별관
ク シナ イルボサ ピョルグァン

住所 ：ソウル特別市中区貞洞キル 33

※なお 1997 年に創刊した「新韓日報」が 2003 年に「新亜日報」の名前を引き継ぎ、復活させている。

明洞聖堂

韓国初の赤煉瓦造りゴシック建築フランスカトリック教会の雰囲気

韓国最初のゴシック建築（写真提供：韓国観光公社）

明洞聖堂《ミョンドンソンダン》は韓国カトリックの総本山として大変有名な教会である。

韓国最初の赤煉瓦造りゴシック建築でフランス人・エウジェニー・コステ司祭が設計し、1892年に着工した。

しかし、コステ司祭は建設途中で死亡。プワネル神父が跡を引き継ぎ1898年に完成させた。

フランス人の司祭が設計しただけにフランスの古いカトリック教会そのままの雰囲気。

そんなところから留学中はここに「フランス寺」と勝手にあだ名をつけて呼んでいた。

ソウルロイヤルホテルの前の道を上がって行くとすぐのこの教会、韓流ドラマ「美しき日々」のロケ地としても知られている。地下鉄の駅でアクセスしているのはソウルメトロ4号線。明洞《ミョンドン》駅8番出口から徒歩約8分。

明洞聖堂

명동 성당

ミョンドン ソンダン

住所　：ソウル特別市中区明洞キル74

開館時間　：6：30～20：30（ただし、ミサ時間は内部見学不可）

明洞芸術劇場

日本統治時代の「明治座」再び劇場として復活

私が韓国に留学していたころ、ソウルメトロ2号線乙支路入口駅から4号線明洞駅へ向かう道の途中に現代投資信託証券という不思議なデザインのクラシックなビルがあった。

その頃は気に留めていなかったが、ずっと後になって、そのビルが1936年に開館した明治座という映画館兼芝居小屋だったことを知った。

明治座は解放後国際劇場、市公館と名前を変え、1957年に韓国政府が購入し、明洞芸術会館という国立の演劇施設になった。

しかし、1973年に奨忠洞《チャンチュンドン》に新しい国営の舞台施設が開館したこともあって、証券会社に売却されてしまった。

それを2006年に政府が買い戻し、全面リニューアルの上、国楽管弦楽団、舞踏団、唱劇団、劇団という4つの国立公演団が公演をする国立劇場「明洞芸術劇場」として2009年から再オープンした。

また、劇場1階のカフェ「ライラック」はパッピンス（韓国式かき氷）が美味しいと人気があるそうだ。

明洞芸術劇場
명동 예술 극장
ミョンドン イェスル クㇰチャン

住所：ソウル特別市中区
明洞キル35

外壁だけ保存され、内部は新しく作り直された

タイルとサッシが古風な雰囲気

南大門市場

남대문시장

ソウル市中区の代表的な観光スポットといえば南大門市場。日用雑貨、お土産品、食品、衣類と何でもある韓国最大の総合市場である。朝鮮王朝時代の１４１４年に開設され、６００年の歴史を誇っている。南大門に隣接した東西約３００メートル、南北約４００メートルの敷地の中には１万軒もの店があるのだとか。全体的な雰囲気は東京のアメ横に似ているかもしれない。

キーホルダーとかチマチョゴリの人形だとかはここで買うと安い。免税店などで売っているこのテのお土産は実はここから仕入れているからで、それだけに種類も豊富だ。ただ、「海苔要りませんかぁ？」と日本語で強引に客引きしてくるおっちゃんがときどきいるのがちょっと鬱陶しいので、そういうときは一言「テッソヨ」（要りませんという意味）と言おう。

この南大門市場にちょっと個性的な店があるので一つ紹介しておきたい。アルファ文具である。日本の東急ハンズを彷彿とさせるような文房具店とＤＩＹショップを兼ねたような店で韓国ではかなり珍しいスタイルである。ここにはハングル入りのファンシー文具とか木製の韓国家屋組み立て模型とかちょっと変わったものが置いてあるので、個性的なお土産を探すのであれば立ち寄ってみる価値は十分にある。

屋台も多く、昼間はホットク（韓国風おやき）やトッポッキ（炒めた辛味もち）などが目立ち、夜は居酒屋の屋台も出る。

南大門市場の名物料理でここが本場だとされているのはカルチチョリム（太刀魚の唐辛子煮）。ごく一般的な韓国家庭料理のメニューだが、市場で働く人の間で人気のあるメニューだ。辛い物が苦手でなければ、淡白でほくほくした太刀魚と軟らかく煮えて辛さの中に甘味のある唐辛子汁がしみ込んだ大根のハーモニーを楽しんでみては？

おおぜいの人でごった返す

2章

ソウル特別市・
鍾路区

서울 특별시 · 종로구　ソウルトゥクピョルシ・チョンノグ

古宮といわれる朝鮮王朝の王宮が残り、大統領府「青瓦台」があるのはここ鍾路区。北村韓屋《プクチョンハノク》マウルなど、伝統的な韓国家屋「韓屋《ハノク》」観光で人気のあるスポットだが、ここも旧京城帝国大学があった大学路《テハンノ》を中心に日本統治時代の建物が残る。

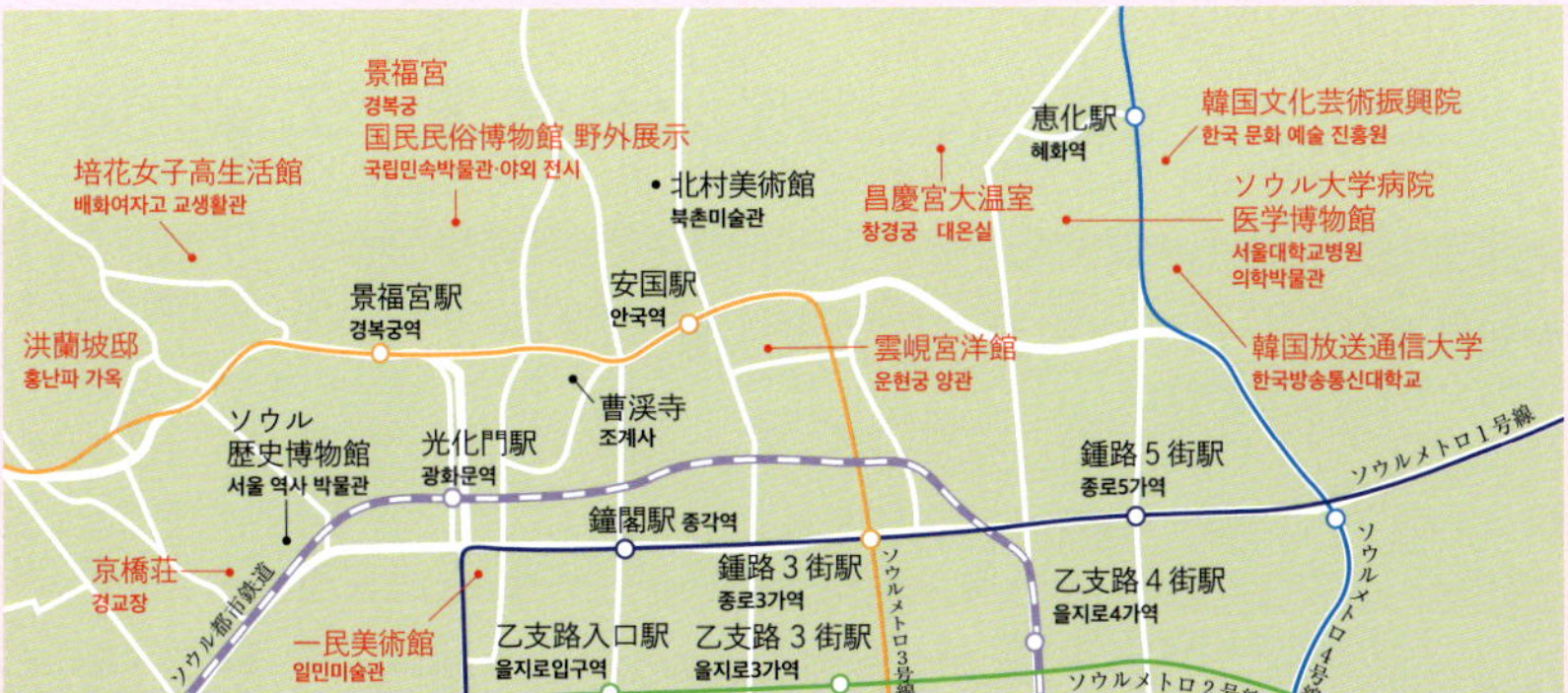

雰囲気は旧赤坂プリンスホテル洋館にも似ている。やはり皇族の住まいとして設計されたからか……

雲峴宮洋館

キャンパスに佇む王族のための洋館

韓国ドラマ「宮」のロケでも使われたヨーロッパ風の城か、屋敷ともとれる立派な洋館が徳成女子大学のキャンパスにひっそりと建っている。

ここは元々雲峴宮といって、興宣大院君・李昰応《イハウン》の屋敷だったところ。李昰応は朝鮮王朝26代国王である高宗《コジョン》の父親で、1863年から1873年まで摂政として政治の実権を握っていた歴史上の人物だ。屋敷はその後、孫の李埈鎔《イジュンヨン》が住み、洋館はその頃宮内省の建築家・片山東熊の設計により建てられた。

建築時期は1911年とも1903年ともいわれ、1907年説まであるが、日韓併合前後であるということは確かなようだ。

日韓併合で朝鮮王朝の王族は皇族に編入されたので、屋敷も宮内省で設計していた。韓国解放後、洋館は徳成女子大学の手に渡り、現在は生涯教育院として使われている。

雲峴宮洋館
(徳成女子大学生涯教育院)
운현궁 양관 (덕성 여대 평생 교육원)
ウニョングン ヤングァン
(トゥソン ヨデ ピョンソン キョユグォン)

住所：ソウル特別市鍾路区雲泥洞 114 番地

※裏側は故宮・雲峴宮として一般公開されている。

一民美術館

1920年創刊の新聞社が会長のコレクションを展示する美術館に

韓国三大新聞の一つ、東亜日報は1920年創刊の伝統ある日刊紙。ソウル地下鉄5号線5番出口からすぐのところに1926年竣工の社屋(ソウル市有形文化財131号)が建っている。

東亜日報は1992年に隣接地に新社屋を建てて本社を移転し、旧社屋は改装され、1996年から「一民《イルミン》美術館」となった。

東亜日報の社屋がなぜ、景福宮の近くなのか? 当時景福宮には王宮殿を隠すようにして、光化門の辺りに朝鮮総督府が建っていた。東亜日報は総督府を監視するためわざわざあの土地に建てられたといわれている。

総督府の建物は解放後、政府庁舎、国立中央博物館へと転用されたが、やはり侵略者の政府が使っていたにっくき建物ということで、金泳三《キムヨンサム》大統領が1995年に解体してしまった。

真新しいビルが林立する中、古風なオフィスビルがたたずむ

「一民」は東亜日報社主だった金相万《キムサンマン》(1910~1994)の雅号。彼の収集した高麗時代から現代までの絵画や骨董品や東亜日報の所蔵品やメッセージ性の強い現代芸術作品がこの旧社屋に展示。

また、美術館1階の「Cafe imA」軽食とワッフルが美味しいと評判だ。

一民美術館

일민미술관

イルミン ミスルグァン

住所：ソウル特別市鍾路区世宗大路 152

開館時間：11：00～19：00

休館日：月曜

入場料：3000 ウォン

韓国文化芸術振興院

1924年竣工のソウル大学の前身 旧京城帝国大学の校舎

韓国版東大として名高いソウル大学の前身は1924年に開学した旧京城帝国大学。1946年に米軍の手で一旦閉鎖。9つの旧制専門学校を併合の上、国立・ソウル大学として授業を再開した経緯があることから、ソウル大学のホームページでは京城帝国大学の後身とはうたっていない。

ソウル大学は1975年に冠岳区冠岳路1番地に移転したが、それまで、旧京城帝国大学のキャンパスをそのまま使っていた。

では移転後、校舎は取り壊されたのだろうか? いや、なんとまだあるのだ。キャンパスはマロニエ公園として整備されたものの、大学本館校舎は主に専門教員の派遣を行う政府機関「韓国文化芸術振興院」が入居し、使われている。

恐らく元大学キャンパスだったからだろう。周辺は「大学路《テハンノ》」と呼ばれ、演劇やミュージカルが非常に盛ん! ポスターがあちらこちらに張られており、週末のマロニエ公園ではストリートパーフォーマンスやイベントも行わている。

ちょっと裁判所風にも見えるが、これがかつてのソウル大学の校舎

韓国文化芸術振興院

한국 문화 예술 진흥원

ハングク ムナ イェースル チヌンウォン

住所：ソウル特別市鍾路区東崇キル3

赤レンガの荘厳な建物が明治時代の日本を思い起こさせる……

ソウル大学病院医学博物館

朝鮮王朝末期の病院は近代医学の博物館に

朝鮮王朝末期（大韓帝国時代）の韓国ではコレラの流行が問題になっており、日韓併合に先立ち明治政府は予防医学と感染症対策で深くかかわっていた。そんな中、最新医療技術と機器を導入して作られた近代病院である大韓医院が１９０８年に誕生した。

朝鮮王朝初の近代式病院は、広恵院だが、貧しい人たちのための大韓赤十字病院と１８８９年に設立した官立大韓医学校がそこに統合・整理され、大韓医院が発足。広恵院はセブランス病院の前身とされているので、セブランス病院から枝分かれしたことになる。

日韓併合後は朝鮮総督府医院（１９１０年）、京城帝国大学病院（１９２６年）と名前を変え、解放後はソウル大学付属病院になった。

現在は韓国医学史を紹介する「ソウル大学病院医学博物館」となっている。

ソウル大学病院医学博物館

서울대학교병원 의학박물관《ソウル テハッキョ ピョンウォン ウィハク パンムルグァン》

住所　：ソウル特別市鐘路区大学路 101
開館時間　：月曜～金曜 10：00～17：00（12:00～14:00は昼休み）土曜 10：00～12：00
休館日　：日曜、旧正月・秋夕の連休
入場料　：無料

病院の駐車場入口に建っていて、前を人や車が頻繁に出入りする

京橋荘

1945年 元独立運動家・金九《キムグ》の私邸

ソウル地下鉄5号線西大門《ソデムン》駅4番出口から徒歩5分のところに江北サムスン病院という総合病院があり、その一角に1939年竣工の古い洋館が建っている。

元々は炭鉱事業で成功した崔昌学《チェチャンハク》という富豪の私邸だったが、1945年に大韓民国臨時政府に無償で譲渡され、独立運動家の金九《キムグ》が住むようになった。

金九は太平洋戦争終戦後、朝鮮半島南北分断を阻止しようと、統一選挙を目指したが、共産党勢力を排除しようとする李承晩《イスンマン》勢力が送り込んだ刺客・安斗熙《アンドゥヒ》によって1949年6月26日、暗殺された。

金九暗殺後、中華民国大使館、米軍特殊部隊駐留基地など、持ち主が目まぐるしく変わった後、1967年に高麗病院（現・江北サムスン病院）の所有となって手術室として使われていた。

2010年に江北サムスン病院は金九を記念する建物として、復元工事を行い、一般公開した。

京橋荘
경교장
キョンギョジャン

住所　：ソウル特別市鍾路区平洞 108-1
開館時間　：9：00～18：00
休館日　：月曜、1月1日
入場料　：無料

韓国放送通信大学

朝鮮王朝末期の「工業伝習所」は札幌時計台のよう

放送大学の韓国版「国立韓国放送通信大学」はマロニエ公園のすぐ近くにある。その校舎は、ちょっと札幌時計台に似た雰囲気のルネッサンス様式木造二階建て下見板張りの建物だ。

大韓民国史跡279号に指定されたこの校舎は、末期の朝鮮王朝（大韓帝国）が大韓医院発足と同じ1908年に郡の工業教育機関として設立した工業伝習所の建物だった。

大韓民国史跡 279 号のシブい明治物件！

1916年に京城高等工業学校となり（ソウル大学校工科大学の前身）、この建物自体は中央試験所が使用することになった。解放後は国立工業研究所、国立工業試験院を経て、韓国放送通信大学の校舎となった。

さて、この韓国版放送大学、年間の学費が日本円で3万4千円（4科目の場合）程度。国籍、年齢を問わず、韓国語がわかれば、誰でも入学できる。1科目に対し、スクーリング2回と試験1回の出席義務があり、4年制大学卒業生は3年から編入可能。

ワーキングホリデーや結婚で韓国に来た人には生涯学習のチャンスになるような学校なので、勇気のある方は試してみてはいかがだろうか。

韓国放送通信大学
한국방송통신대학교
ハングゥ パンソン トンシン テハッキョ

住所：ソウル特別市鍾路区
大学路 86

1930 年にドイツの宣教師が建てたという洋館。洪蘭坡は晩年をここで過ごした

洪蘭坡邸

韓国の大作曲家の元私邸は おしゃれな洋館

洪蘭坡《ホンナンパ》（1897〜1941）は日本でいえば滝廉太郎か山田耕筰のような存在で、「鳳仙花」「故郷の春」といった歌曲を生み出した大作曲家。かつての邸宅が西大門の近くにまだ残っていると聞いたので探してみた。

最寄駅はソウル地下鉄3号線独立門《トンニムン》駅か5号線の西大門《ソデムン》駅のはずなのだが、場所を尋ねても、駅員さんも周りの人たちも「洪蘭坡の家？そんなのあったかなぁ」などと答える。それを2日ばかり通いつめてやっと探し出したのだった。行き方は次の通り。

まず、ソウル駅か忠正路駅辺りからタクシーに乗って「ソウル市教育庁まで」と韓国語で言う。韓国語が苦手な方は「SEOUL特別市教育廳」と書いた紙を見せること。そして教育庁の近くまで来たら、そのすぐ先の小高い丘に上る狭い坂道を上まで上ってもらうか、タクシーを降りて教育庁正門左手坂道を歩いて上ってもかまわない。坂道を上りきったところには赤煉瓦造りで三角屋根の瀟洒な洋館が建っている。そこが音楽家・洪蘭坡私邸である。

現在は鍾路区《チョンノク》が保有し、平日の日中に洪蘭坡の遺族が記念館として公開している。

洪蘭坡邸
홍난파 가옥
ホンナンパ カオク

住所	：ソウル特別市鍾路区松月1キル 38
開館時間	：11：00〜17：00（11 月〜3 月は 16 時で閉館）
開館日	：土日祝日
入場料	：無料

※ご遺族が 1 人で運営されているので臨時休館がときどきある。

昌慶宮大温室

昌慶宮復元後も残った最後の王様の温室

朝鮮王朝の故宮の一つ昌慶宮《チャンギョングン》は最後の王様である純宗《スンジョン》皇帝を慰めるという大義名分の下、1907年以降宮殿の建物が取り壊されて動物園と植物園が設置され、昌慶苑という公園に改造された。

韓国政府がそんな歴史を快く思うはずもなく、1981年には「昌慶宮復元計画」が立てられる。これにより動物と植物はソウル大公園に移され、1986年には宮殿の再建工事も完成した。

公園に改造されたときの名残はもうないだろうと思っていたら、それがあったのだった。宮殿の中に当時の植物園温室が大韓民国指定登録文化財第83号として残されていた。

木材と鉄、ガラスで出来た韓国最初の温室で、完成は1909年。設計者は宮内庁の宮廷園芸技師・福羽逸人で、デザインは戦前の新宿御苑大温室とそっくりなのだとか。出入扉には李王朝の家紋として設定されたすもも紋が入っている。展示植物は朝鮮半島南部の自生植物と蘭で、ちょっと地味だが……。

昌慶宮大温室

창경궁 대온실

チャンギョングン デオンシル

住所	：ソウル特別市鍾路区昌慶宮路 185
開園時間	：9：00～18：00（6～8月は18時30分で閉園。11～1月は17時30分で閉園。入場は閉園1時間前まで）
閉園日	：月曜
入場料	：1000ウォン

王家紋章「スモモ」が残る

韓国の自生植物と蘭を展示

韓国最古の温室

屋根は洋館らしくない入母屋造り

培花女子高生活館

1916年に建てられた宣教師館は煉瓦造の洋館

ソウル地下鉄3号線景福宮《キョンボックン》駅1番出口を出て真っすぐ進み、セマウル金庫の角を右に曲がって、少し行っところに朴正熙大統領夫人だった故・陸英修《ユギョンス》女史の母校として知られる名門・培花女子高校がある。

この女子高はアメリカ人宣教師がキリスト教布教と女子教育のため1898年に設立した学校で、校内に1916年に建てられた宣教師住宅が残っている。

培花女子高生活館と命名され、現在は同窓会館として利用されており、内部は残念ながら公開されていない。赤煉瓦2階建てのシブい洋館だが、周辺の西村《ソチョン》地域にある瓦屋根韓屋を意識したのか、立派なベランダがあるのに屋根は入母屋造り。どことなく韓洋折衷《かんようせっちゅう》なフォルムだ。

培花女子高のある西村は古い韓屋が多数残る地域で、よく見ると昭和初期を思わせる古い住宅や商店もあちらこちらに建っていて興味深い。

培花女子高生活館

배화여자고교생활관

ペファ ヨジャ コキョ センファルクァン

住所：ソウル特別市鍾路区
弼雲大路1キル34

特集

ソウル市電

서울 전차

建物ではないが、昭和のソウルを語るのに欠かせないものを紹介する。

それはソウル市電。景福宮内野外展示場に展示されているのは実物大の創業期の電車模型だが、こちらは1968年にソウル市電が廃止されるまで走っていた本物で、登録文化財467号にも指定されている。

1930年ごろに日本車両製造で作られ、市電廃止後はオリニ大公園で展示されていたものだが、長い間手入れをしなかったため、赤錆だらけになってしまった。それを日本車両製造の協力で現役時代の姿に復元し、ソウル歴史博物館の入口に飾られた。

室内も10時～11時、12時～13時、14時～15時、16時～17時の合計1日4回時間を決めて公開。

座席の布、ニス塗りの壁、木で出来た床、粗末な黒インク1色刷りの車内広告が往時の雰囲気を醸し出している。

公開されている車内の様子

今にも走りだしそうなくらいにきれいに整備され、博物館の前に展示されたソウル市電

ソウル歴史博物館

서울 역사 박물관

ソウル ヨッサ パンムル グァン ソウル・ジョンチャ

住所　：ソウル特別市鍾路区セムンアン路55

開館時間　：火～金曜 9：00～20：00
土日祝日 9：00～19：00
(11月～2月の土日祝日は18時で閉館)

休館日　：月曜、1月1日

入場料　：無料

1 2 写真館の再現された外観と内装　3 4 居酒屋（テポチプ）　5 6 喫茶店（タバン）

特集

景福宮内 野外展示場

국립 민속 박물관 · 야외 전시장

景福宮はハングルを作った世宗大王も住んだ李氏朝鮮王朝のメインの宮殿だが、その一角に1945年に開館した国立民俗博物館がある。

そこの屋外展示場がかなりユニーク！

ソウルオリンピック開催よりずっと前の1960年代ぐらいの古い韓国の街並みがセットとして再現されているのだ。この時代、今と違ってガラス張りのキラキラしたビルなどなく、日本統治時代の古いビルや家、商店が軒を連ね、アジア的な猥雑さを備えていたのだった。

それが作り物とはいえ、かなりリアルに再現されている。喫茶店はコーヒーショップなどではなく、タバン（茶房）といって、コーヒーはインスタント。そして、クリームも粉末、砂糖もたっぷり入れて、味としては地下鉄のホームでときどき見かける自動販売機で出す紙コップに半分しか入ってこないチープなコーヒーに似ていた。椅子はソファーに白いカバー。ときにウエイトレスが私にも御馳走してよ！といって座ってきて、雑談をする……今では想像もつかない異空間だった。今の韓国では片田舎に行くとそういう店がたまにあって、お爺さんたちのたまり場になっていると聞く。

居酒屋もビヤホール（ホープチプ）などなく、どぶろく、つまりマッコリをテポと呼ばれる丼で出すテポチプである。

7 8 学習塾の再現された外観と内装。しかし、学習塾の内装は塾というより田舎の小学校教室といった風情
9 10 床屋　11 12 電気屋

地方に行くと今でもあるようだが、おつまみの料金が酒代に含まれていて、お酒を頼むと一緒に女将さんの手作り料理がおつまみとしてついてくる……というシステムのところが多かったとか。

写真館は今もソウル市街のあちらこちらにあるが、この時代はデジカメなどなく、大きな二眼カメラで「は〜い、撮りますよ！ハナ、ドゥル、セッ（いち、に、さん）！」と言って撮影し、数日後にフィルムの現像が出来上がってくる方式。ここではプロカメラマンが待機し、学生服や軍事教練用体操着が用意されていて記念写真の撮影もやっている。

電気屋と床屋は日本の昭和30年代の雰囲気とそっくり。床屋さんはおなじみのせりあがったり、背もたれが倒れたりする椅子や洗髪をする流しも再現されている。

学習塾は「北村夜学」とハングルで書かれた看板があがっているが、内部は学習塾というよりは在校生徒数が少ない地方小学校の風情で、見に来ている韓国の人たちも「懐かしいな！昔の小学校の教室だよ」などと言っている。

国立民俗博物館・野外展示場

국립 민속 박물관 · 야외 전시장

クンニブミンソク パンムルグァン・ヤウェチョンシ ジャン

住所　：ソウル特別市鍾路区三清路 124-1
開館時間　：9：00〜18：00（6〜8月は18時30分で閉園、11〜2月は17時で閉園、5〜8月の土日祝日は19時で閉園。入場は閉園1時間前まで）
休館日　：火曜、1月1日
入場料　：無料

1 韓国にもあった赤電話　2 日韓併合以前のソウル市電実物大模型　3 韓国にも有ったリヤカー　4「電報電話」と表示されたホーロー看板。下部に「味元」（化学調味料メーカー）の広告　5 日本でも昭和30年代まであった貸本漫画屋の店舗　6 貸本漫画屋の内部。「新しく入った漫画」などの表示がある

それもそのはず。音楽の時間に使う伴奏用のオルガン、ソロバンの授業で使う子供の背丈ぐらいある巨大ソロバン、ダルマストーブはかつての日本の小学校でもお馴染なものがみんな揃っているのだから。

日本では週刊少年漫画雑誌の登場で姿を消した貸本漫画屋は韓国では1980年代半ばまで残っていたようで、それがここでは当時の雰囲気を見事に再現していた。小道具もかなり充実していて、リヤカー、配達用自転車やトラック、赤電話、練炭、ホーロー看板、靴磨きの台、チャンネルをカチャンカチャンと回す白黒テレビなども配置されている。

路面電車の実物大模型も展示されているのだが、こちらはちょっと時代が合っていない。なぜなら、日韓併合前の開業期の姿だから……。

ソウル市電は朝鮮王朝とアメリカの技術者の共同出資で1899年4月8日に開業している。当初の営業区間は西大門—清涼里で車両はアメリカから直輸入し、デザインはサンフランシスコのケーブルカー風。

実物大模型は、市電第1号電車のデザインを再現している。この市電路線は運営していた「韓美電気会社」の株が渋沢栄一の会社に売却され、1909年には日韓瓦斯電気会社に社名変更された。そのとき、車体を日本と変わらないデザインのものに載せ換えて姿を消したといわれている。

3章

ソウル特別市（その他）・京畿道ほか

서울특별시 (기타) 경기도 등　ソウルトゥクピョルシ・キョンギド

龍山はかつて軍と鉄道の街で、陸軍の駐屯地と蒸気機関車の修理を行う工場と車庫があったことで知られる。軍と鉄道に関係する日本人が、まとまって住んでいたため、今も当時の日本家屋が点在している。それ以外の地域は、地方へと延びる鉄道駅などに古い建物が残っている。

三角地駅から龍山駅までお散歩

龍山区の地下鉄4号線三角地《サムガクチ》駅から光州方面へのKTXが発着する龍山《ヨンサン》駅までの一帯は再開発が進んで、表通りは真新しいオフィスビルが林立しています。ところが……。

01 表通りの道路はずっとこんな感じ。歴史的な雰囲気はゼロ！ 道路の広さだけが目立っている。

一本裏通りに入ると、道で三角地駅から龍山駅まで何やら戦前風の古い家や店がいっぱい。ぜひ散歩を楽しんでほしい。

02 こちらは地下鉄三角地駅。4号線と6号線の乗換駅。今日は6号線出口から出てみた。一本ずれた裏通りを龍山目指して歩いてみよう！

03 屋根と瓦、土壁、ガラス窓がどこか昔風だ……。いかにも戦前の民家らしい風情を漂わせているこの家は額縁を作る工房になっている。

05 一見、漢方医院と韓国料理店が入っている木造店舗なのだが、屋根のフォルムがどことなく日本の古い家っぽい感じ。戦前風の家を探すときは、まず屋根に注目を。しばらく見ていると、あれ？　何だか日本で見るようなデザインだなと思えてくる。

04 横町への入口はこんなもの。

06 このメウンタン（魚の辛味鍋）の店、壁はタイル張りで古さはないのだが、屋根を見ると軒先が土壁で瓦もどことなく古い。戦前の古い店をリフォームした感じだ。両隣のビルと食堂の建物と比べてみてほしい。

元々龍山というところは鉄道の機関庫と陸軍の基地があった街で日本人が大勢住んでいた。屋根や軒を注意深く見ながら歩くと当時建てられたと思われる家が次々に見つけられる。

08 古物商の店とタクトリタン（韓国風チキンの唐辛子煮）専門の食堂が 2 軒並んでいる。屋根の作りから見て、食堂の方は元長屋、古物商の方は元日本人向けの洋館だったようだ。

07 脇の木造平屋の家並。これは工場の近くにある社宅の雰囲気。地方都市の線路端だとこういう家は保線夫さんの家だったりするのだが……。屋根瓦と煉瓦壁とドアをリフォームしたようだった。

09　チヂミ専門の食堂だが、屋根は反り返りのない一直線な入母屋瓦屋根。しかも、瓦の色が途中から違う。出窓は元々ガラス障子が入っていたのをサッシに交換し、壁もモルタルで補修した感じ。取り壊さずに丁寧に使っているようで好感が持てる。

10　木造平屋瓦屋根のお宅。純韓国風家屋だと軒が反り返っているほか、瓦がお寺で使うような本瓦でいかにも和風な桟瓦は使わない。でもこのお宅、庇のあたりだけ梁がたるんでしまっている感じなので、かなり古い家なのだろう。

11　こちらは屋根が崩れかけて、一部にシートがかかっている。しかも壁は土壁。こういうタイプの家をリフォームした場合、壁をタイル張りかモルタル仕上げにして、瓦を真新しい韓国瓦に交換するのが普通。

韓国で街歩きして、古い家並みが見えたら、ちょっと道路を一本ずらして歩いてみてほしい。あれ？ あっちにもこっちにも古い家がいっぱいある！……と新たな発見ができることだろう。

右／アペンゼラー館
中／教授食堂「漢慶館」
左／独立運動家・詩人尹東柱が暮らした旧寄宿舎「ピンスンホール」

延世大学校 新村キャンパス

詩人で独立運動家だった尹東柱が暮らした寄宿舎も

延世大学といえば、韓国の慶応大学ともいわれる歴史ある私立の名門校。

私はこの大学直営の語学堂に留学したのだが、行ってみてとても驚いたことがある。

まず大学の中に山があるのか山の中に大学があるのか……。森におおわれ、リスがちょろちょろする丘の中に埋もれるようにしてキャンパスとツタにおおわれた古城のような校舎があるのだから。

YMCAが1915年に設立した延禧専門学校と朝鮮王朝が1885年に設立した西洋式病院「廣惠院」を母体にして1904年に設立されたセブランス医学専門学校が1957年に統合し、総合大学となったのが延世大学。因みに延世の「延」は延禧の延、「世」はセブランスからとっている。

校舎のうち、最も古いものは1920年竣工・石造り2階建てのスティームソン館、1924年に竣工したアンダーウッド館（石造4階建て）、1924年に竣工した石造地上2階・地下1階建てのアペンゼラー館の3棟は歴史的な建築物として大韓民国史跡のそれぞれ275号、276号、277号に指定されている。

校門からこれらの石造校舎までの間には白楊路《ペギャンロ》というイチョウ並木があり、秋になるとギンナンが実り異臭が漂っていたが、現在、新校舎建

延世大学最古の建物・スティームソン館

設中だ。

　そのほか、キャンパス内の石造の建物で史跡や文化財には指定されていないが、二つの風格のある建物がある。

　一つは「漢慶館《ハンギョングァン》」という看板の上がった教授食堂。1940年竣工で、元漢慶《ウォンハンギョン》第3代学長の名を冠した建物だ。実はここ、私も留学中度々利用していた。13時に語学堂の授業が終わると、語学堂校舎地下の留学生食堂、キャンパス内の学生食堂、そしてこの教授食堂の3軒を回り、一番美味しそうに見えた料理を食べるのが日課だった。

　教授食堂とあっても、教授しか利用出来ない訳でなく留学生も堂々と入れたが、留学生食堂や学生食堂に比べるとやや高めで、ちょっと高級な感じのする料理が多かったのを覚えている

　あともう一つは詩人で独立運動家だった尹東柱《ユンドンジュ》（1917−1945年）が暮らした寄宿舎「ピンスンホール」で彼の遺品が展示されている。ちなみに尹東柱は福岡市内の福岡刑務所で1945年2月16日に獄死している。

アンダーウッド館

延世大学校
新村キャンパス

연세대학교 신촌캠퍼스
ヨンセ テハッキョ シンチョン ケンポス

住所：ソウル特別市西大門区
延世路 50

新村駅

左右逆に復元された文化財駅舎

私が知る限り最もひどい保存例を紹介する。セブランス病院と名門女子大である梨花女子大キャンパスとの間あたりに京義線新村《シンチョン》駅がある。私が留学していた1993年ごろは1時間に2本ぐらいディーゼル機関車が客車を引いて走っていたところから新村汽車駅と呼ばれていた。駅舎は東京の原宿駅のような木造平屋建の小さな駅舎で、大都会の中のローカル駅といった風情だった。それが2002年に韓国鉄道公社がこの駅を再開発のため、駅ビルに建て替える決定が下された。

これには沿線住民や市民団体が猛反発。しかも1920年に完成したこの駅舎が1920年代の建築様式を色濃く残す駅舎だということで、2004年に急遽韓国文化財庁が登録文化財第136号に指定。駅員事務所部分が取り壊されたところでストップがかかり、一転、修復されることとなった。

ところが、取り壊された駅舎左半分の後には階段とエスカレーターが設置されたため、元通りにすることは出来ず、反対側に駅事務所を再建。元の姿とは左右反転したことで印象が違ってしまった。

現在観光案内所として活用

在りし日の新村駅

街の再開発で建ってしまった巨大駅ビル

新村駅

신촌역

シンチョンヨク

住所：ソウル特別市西大門区
新村駅路 30

ソウル市立美術館 南ソウル分館

旧ベルギー領事館を移築した美術館

ソウル地下鉄2・4号線舎堂《サダン》駅から徒歩2分のところに赤煉瓦2階建ての美しいソウル市立美術館分館がある。

朝鮮王朝末期の1905年に竣工した旧ベルギー領事館の建物を移転し、2004年に開館した美術館だ。元々は会賢洞《フェヒョンドン》の南大門市場近くにあったのだが再開発で取り壊されることになったのだが。

しかし、20世紀初頭の貴重な建物だということで1983年に江南《カンナム》地域と呼ばれる現在の場所に移築され、しばらく韓国産業銀行（現・ウリィ銀行）が使ったのち、銀行の文化事業活動の一環として、ソウル市に無償貸与され、美術館となった。移築とはいえ、内部には古い木の階段と暖炉が残っていて、かつてのベルギー領事館の面影をよく残している。

ソウル市立美術館
南ソウル分館

서울 시립 미술관 남서울 분관
ソウル シリブ ミスルグァン ナムソウル ブングァン

住所	：ソウル特別市冠岳区南部循環路2076
開館時間	：10：00～20：00（土日祝日は18時で閉館）
休館日	：月曜、1月1日
入場料	：無料

前庭の現代アートも印象的

木の手すりが美しい木製階段

人気もなく静まり返る廃止後間もない花郎台駅駅舎

花郎台駅

廃止になった ソウル最後の簡易駅

花郎台駅《ファランデ》は2010年12月21日に京春線《キョンチュンソン》が全線電化されて、新しい高架線が出来、ルート変更されたことで廃止になった駅。

「ソウル最後の簡易駅」と呼ばれ、1939年竣工の歴史ある郊外の駅舎だということで、2006年には大韓民国指定登録文化財第300号にも選ばれた。

廃止された直後は駅舎を会館代わりに利用し、ティーパーティーを開いたりしたと聞いていたので訪ねてみたことがある。

最寄駅は地下鉄6号線の花郎台駅で4番出口から出て、韓国陸軍士官学校の入口がある方向に廃線跡を20分ぐらい歩く。士官学校の入口が見えてきたところですぐ左に目を移すと駅舎があった。すぐ近くにはソウル女子大もあるが、通る女子大生もおらず、シ〜ンとしている。

その後、再度訪問したところ、廃線跡は遊歩道に、この駅舎もそれに合わせて整備するようで工事が進められているが、公開日や展示方法などはまだ未定である。

花郎台駅
화랑대역
ファランデヨㇰ

住所：ソウル特別市蘆原区
孔陵2洞38-21

八堂駅

貨物ホームに残る古い駅舎

龍山《ヨンサン》から楊平《ヤンピョン》に向かう中央《チュンアン》線でソウルの郊外に行ってみよう。龍山駅から数えて19番目に八堂《パルダン》という駅がある。

　最近高層マンションが次々と建ち、ニュータウンとなりつつある街だが、10年ぐらい前はソウルから近いのに田んぼと畑ばかりが目立ち、空気のきれいな農村だった。その、真新しい八堂駅のずっと奥にある貨物ホームに古い駅の待合室か駅員詰所のような掘立小屋が建っているのだが、実はこれ、昔の八堂駅駅舎なのだ。

これが切符売り場もある駅舎だったとは……

真新しい八堂駅

　ホームの両側は電車がビュンビュン走り、その向こうはセメント列車ヤードで、駅員さんの案内で、しかも専用通路を通って行かないと入れない場所にある。

　1939年に出来た駅舎でこの細長い建物の中に切符売り場も待合室もあったそう。かつては列車が一日一往復しか停まらなかったそうで、そんな利用者の少ない駅だったから待合室と切符売り場と駅員事務室を一つにまとめてしまったようだ。

八堂駅
팔당역
パルダンヨク

住所：京畿道南楊州市瓦阜邑
八堂路107

一山駅

文化財に指定された昭和戦前そのままの駅舎

妻の実家が京畿道坡州《パジュ》でそちらへ列車で行くときはいつも京義線《キョンウィソン》を使っていた。

その途中の駅に一山《イルサン》という駅があるのだが、そこの旧駅舎は1933年竣工の古い駅舎。ぱっと見は日本の田舎の駅そっくり！

そんな昭和戦前そのままの建築様式だということで、旧駅舎は2006年に登録文化財第294号に指定された。2009年に京義線は電化され、高架線になった。ディーゼルカーやディーゼル機関車が引っ張る客車が姿を消して、通勤電車が走るようになり、駅舎も新しくなった。

旧駅舎は文化財として永久保存されることになったので行ってみたところ、フェンスで囲われている。駅長さんに頼みこんでフェンスの中に入れてもらったが、ひびだらけで危ないから見学は断っているのだそうで、中はどうして見せてもらえなかった。

ああ、もったいない……。補修して再利用すれば、実に雰囲気があってよいのに……。

一山駅
일산역
イルサンヨク

住所：京畿道高陽市一山西区
京義路 672

改札には寒風除けのドアが

日本のローカル駅にもありそうなデザイン

韓国の駄菓子

추억의 과자

韓国にも駄菓子文化がある。最初、日本から入ってきた可能性も否定できない。垢ぬけないパッケージだし、ハングルで書かれているところが違うだけで、日本のものと相通じる何かがある。日本でいう昭和文化好き、レトロ文化好きな人たちが「想い出のお菓子《チュオゲクァジャ》」と呼び、主に通販やレトロ関係博物館のお土産コーナーなどで売られている。

✤ 日本にもあるかも…

アポロ

아폴로

イチゴ味マンボ菓子。ビニールチューブを歯でしごいて食べる。

コーラ味ゼリー

콜라맛제리

コーラ味のグミで噛み心地はハイチュウっぽい。

✤ 日本とそっくりなもの

笛ラムネ

호각과자

韓国語で「ホイッスル菓子」。桃味でフレーバーが日本と異なる。

コンペイトウ

별사탕

韓国語直訳だと「星キャンデー」だ。

✤ 独自路線を走るもの

タンコンオランダ

땅콩오란다

伝統的な韓国風おこしをピーナッツでつくってある。

トルトリ

똘똘이

おつまみ系は干物類が多い。これは細切り鱈干物。

チャムヤックァ

참약과

ドーナツ味のクッキーのような伝統菓子を小型に作ったもの。

チョンティギ

쫀타기

グミを平たく、硬くしたようなお菓子。いろいろ種類がある。

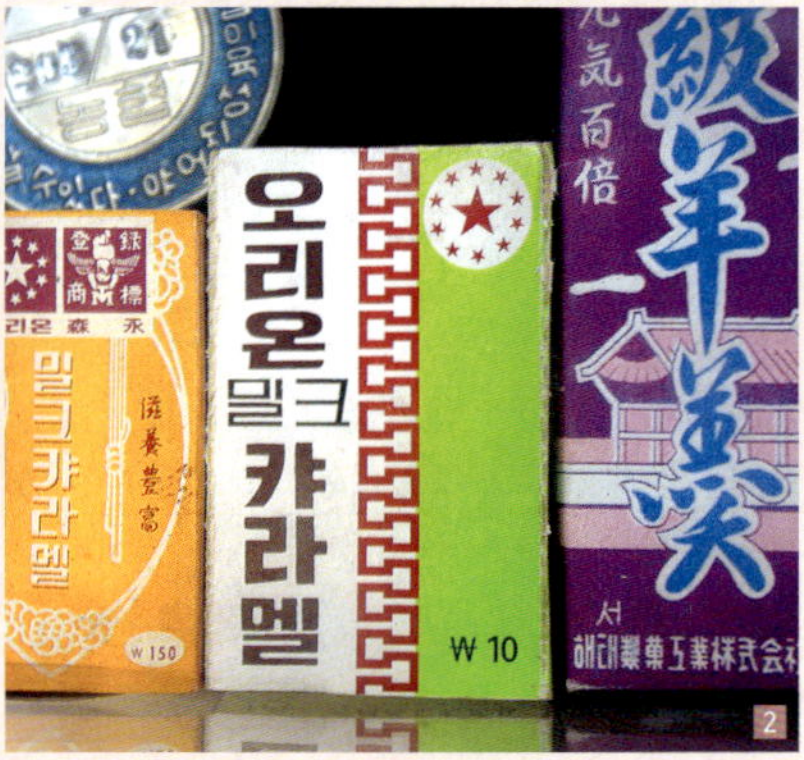

特集

ヘイリ文化芸術村

헤이리 문화 예술 마을

京畿道坡州市の町はずれに芸術家たちが集まって広大な敷地でアトリエや陶芸教室、美術館を運営しているヘイリ芸術村というところがある。そこにはレトロ文化を扱う博物館が2軒もあるので紹介してみたい。どちらの博物館もどことなく昭和の日本を彷彿とさせるような展示品であふれている。また、お土産品も日本なら駄菓子屋で売っていそうなものや画集雑誌の付録に付いていそうなものばかり。

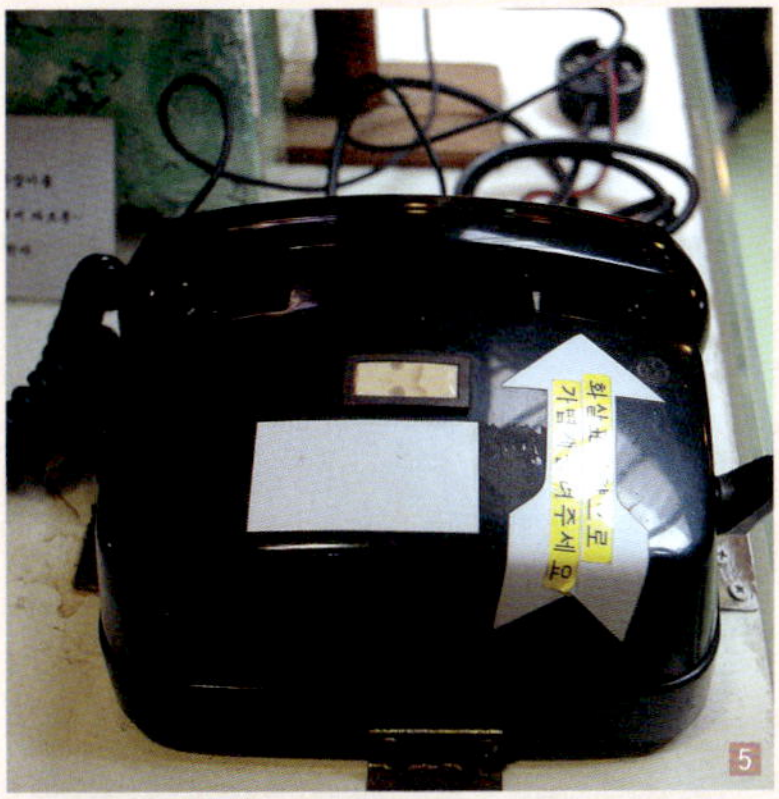

5

4

6

昔の品物博物館

옛날물건 박물관

イェンナルムルゴン パンムルグァン

住所　：京畿道坡州市炭県面法興里 1652-539

開館時間　：10：00～18：00（入場は 17 時まで）

休館日　：月曜

入場料　：2000 ウォン

4 昔のおもちゃ。ミニカー内蔵式の家と蹴って遊ぶ韓国版蹴鞠のチェギジャギ

5 韓国では 70 年代初頭まであったという交換手接続式電話。「鍾路の 99 番お願いします！」なんてやってた

6 アルマイトの弁当箱。これにごはんとおかずを入れてよく振るとビビンバになる

1 コンクリート打ちっぱなしの建物の中にレトロ展示物とレトロお土産品が……

2 練り羊羹と日本の森永製菓と提携して開発したオリオンキャラメルのパッケージ

3 真空管式ラジオ。テレビが普及する前はこれで聴くラジオドラマが娯楽の王様

韓国近現代史博物館

한국 근현대사 박물관

ハングク クンヒョンデサ パンムルグァン

住所　：京畿道坡州市炭県面法興里 1652-539
開館時間　：9：30～18：00（夏休み中は20時で開館）
休館日　：月曜
入場料　：7000 ウォン

1 ウッディなガラクタ小屋とでもいいましょうか……
2 食料品店にあったロッテ製菓の看板
3 どこかの遊園地にあったバイクの遊具
4 日本とそっくりな郵便配達の自転車
5 時計屋のショーケースと古い腕時計
6 写真館のカメラがセットと共に展示されている

ゴム球を握ると後足がピョコピョコ動くかわいらしい跳ね馬。5000 ウォン

博物館で売っているレトロなお土産たち

小学生の学習雑誌付録みたいな着せ替え人形 2000 ウォン

姉妹品にサッカー盤もあります！

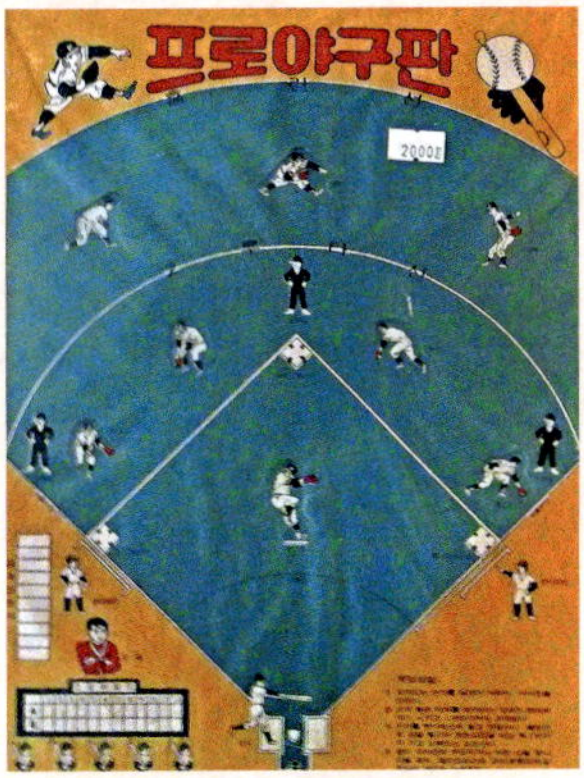

学習雑誌付録っぽい野球盤も 2000 ウォン

行き方

①ソウル地下鉄 2 号線合井（ハプチョン）駅 2 番出口から 2200 番バスに乗り、「ヘイリイェスルマウル 4G(헤이리 예술 마을 4G)」で下車し、徒歩 3 分。 ※バス所要時間は約 1 時間 20 分
②京義線デジタルメディアシティ駅から乗車、金村（금촌【クムチョン】駅で降り、坡州（파주【パジュ】）市内バス 900 番に乗車し、ヘイリ 1 番ゲート（헤이리 1 번 게이트）下車。

ヒンズー食。本格的なインド料理だった。

旅の裏ワザ
〜スペシャル機内食〜

여행의 비법 —특별 기내식—

大手航空会社の機内食の場合、福岡発だと難しいが、関空や名古屋、成田、羽田あたりだと、特別機内食として子ども向けメニューのほか、アレルギー対応、糖尿病対応などの持病系メニューや各種宗教食を出発48時間前までに航空会社に申し込むと食べることができる。宗教食は信者でなくてもOK。そこでちょっとチャレンジ。ヒンズーミールを頼んだところ、インド料理店顔負けの本格派インド料理が。出てきたものを写真左下から時計回りで紹介すると黒パン、マンゴーピクルス、キュウリ・レタス・プチトマトのグリーンサラダ、ノンオイル・レモン味ドレッシング添え、キーウィ、パイン、オレンジ、空のコップ、本格派チキンカレー、ライス、ひよこ豆のカレー……という陣容。

九州や中国地方域から韓国に行く場合はおにぎりやサンドイッチが多い。ベジタリアン食だと野菜サンドやポテトサラダサンドが出るようだ。

4章

仁川広域市

인천광역시　インチョングァンヨクシ

仁川は神戸や横浜のようなところ。規模は小さいけれど、中華街があり、瀟洒な洋館がそこかしこにある。ソウルっ子が古い洋館を見てみたいとか、本格派ジャージャー麺を食べたいと思ったときは、ここ仁川を訪れるそうだ。

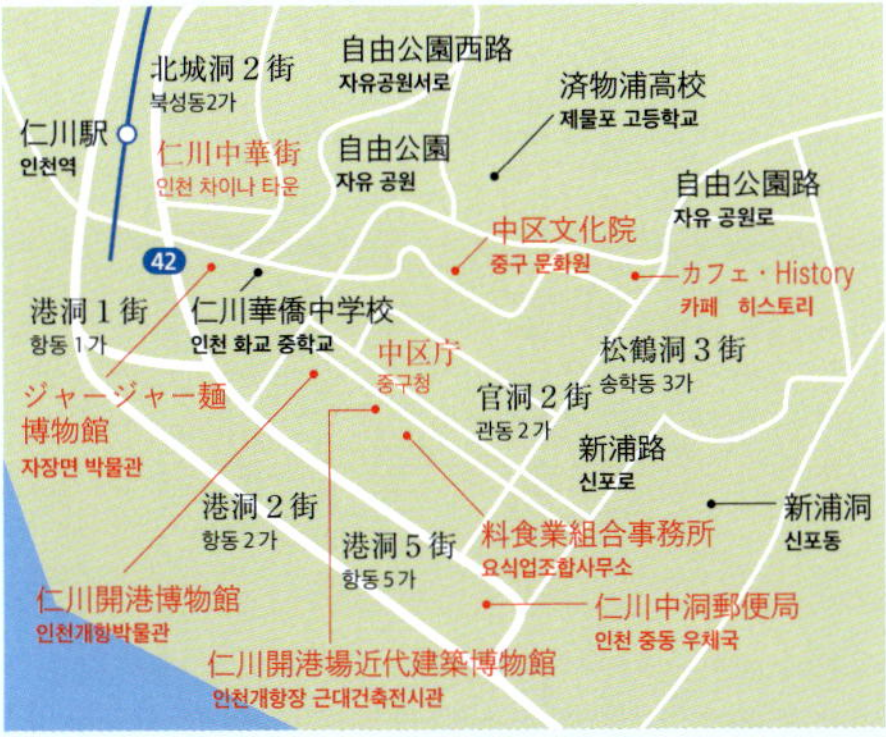

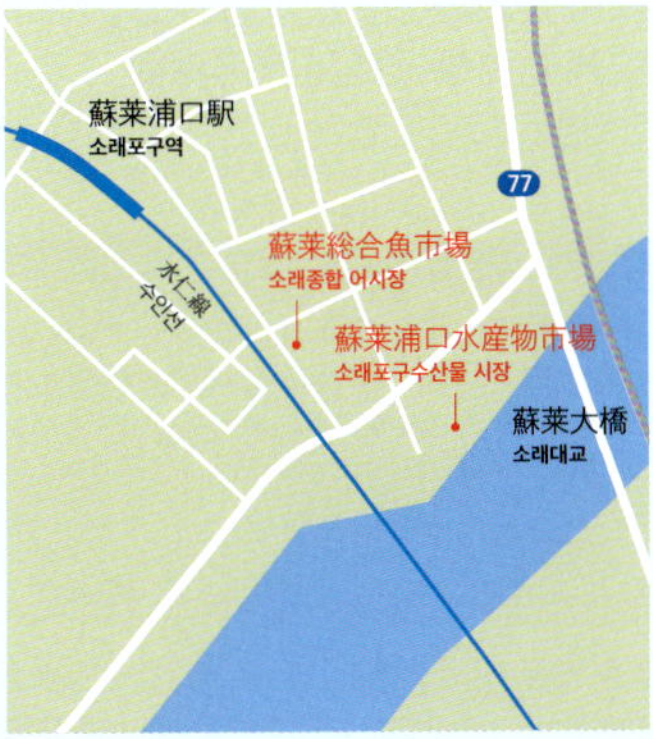

仁川開港場近代建築博物館

長崎十八銀行が1890年に開店した海外支店の建物

仁川開港場近代建築博物館は、長崎に本店のある十八銀行が1890年に最初の海外支店として開店した銀行の建物を使用している。

当時、長崎の貿易商人は上海から入った英国製の織物を朝鮮に送る仲介役で利益を上げていたとか。

1936年に朝鮮殖産銀行に譲渡され、解放後は商工銀行と信託銀行が合併して発足した韓国興業銀行（その後の銀行再編でソウル信託銀行を経て、現在のハナ銀行となった銀行）となった。

その後、紆余曲折を経て建物は仁川市の手に渡り、仁川地域の古い建物を紹介する博物館に転用された。因みに仁川で最も古い洋館でもある。

現在見られる文化財だけでなく既に取り壊されてしまった建物も写真と建築模型、地図で紹介されている。

1890年に竣工した元十八銀行仁川支店

石造の建物だが、屋根の梁は木造

仁川開港場近代建築博物館

인천개항장 근대건축전시관
インチョン ケハンジャン クンデ コンチュク チョンシグァン

住所	：仁川広域市中区中央洞2街24-1
開館時間	：9：00～18：00
休館日	：月曜、1月1日、旧正月、秋夕
入場料	：大　人 500ウォン
	青少年 300ウォン
	子　供 200ウォン

1899 年に竣工した元韓国銀行仁川支店。重厚な石造の建物だ

仁川開港博物館

重厚な石造り。１８９９年に日本第一銀行として誕生

仁川開港場近代建築博物館の並びには見学可能な博物館となっている建物がもう一軒ある。仁川開港博物館で、１８９９年に日本第一銀行として建てられた。

その後、第一銀行は朝鮮銀行となり、戦後は韓国銀行仁川支店に。左右対称で屋根にルネッサンス風ドームを備えた小さいながらも重厚な感じがする石造りの銀行建築だ。

博物館となった現在は仁川の開港とソウル－仁川に敷設された韓国最初の鉄道「京仁線」についての資料が展示されている。

仁川開港博物館

인천개항박물관

インチョン ケハン パンムルグァン

住所　：仁川広域市中区
　　　　新浦路 23 番キル 89
開館時間：9：00 ～ 18：00
休館日　：月曜、1月1日、
　　　　旧正月、秋夕
入場料　：大　人 500 ウォン
　　　　青少年 300 ウォン
　　　　子　供 200 ウォン

館内には戦前のポスト、朝鮮時代末期の郵便配達夫の人形などが展示されている

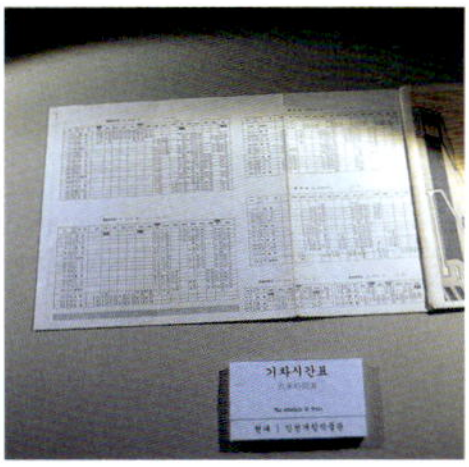

仁川は最初にソウルまで鉄道が敷設された場所だけに時刻表など鉄道関連展示物も……

仁川市の有形文化財第８号に指定されている白亜の郵便局

仁川中洞郵便局

白亜の郵便局は１９２３年竣工の有形文化財

　仁川駅を降りて、右側、パラダイスホテル仁川の方へどんどん歩いて中部警察署を越え、第一埠頭の方向に進むと、仁川中洞《インチョンチュンドン》郵便局が見えてくる。

　この郵便局、元の名前は仁川郵便局といい、かつては仁川市の本局だった。竣工は１９２３年。仁川市の有形文化財第8号に指定されている。

　白亜の郵便局は一見石造りのように見えるが、実は煉瓦造り。煉瓦の上をセメントモルタルで覆い、腰回りは表面を粗く削った花崗岩で仕上げられている。

　仁川郵便局本局が移転し、一時は廃墟のようになっていたが、現在は中洞郵便局となって、現役に戻っている。

　ここで旅行についてワンポイントアドバイス！　もし、お土産を買い過ぎてしまって空港まで持っていくのが大変……ということになったら、ここに限らず郵便局から小包で送ってしまおう。軽い物なら航空便でもよいが、本などの重い物は船便がお勧め。

仁川中洞郵便局

인천 중동 우체국
インチョンチュンドン ウチェグゥ

住所：仁川広域市中区港洞
6街1

大韓民国登録文化財第２４９号に指定されている官庁建築

中区庁

玄関脇の丸窓に
昭和の官庁らしいモダンさが……

仁川開港博物館や料食業組合事務所のある通りから北に一本ずれると中区庁がある。

単なる仁川市中区の区役所だが、朝鮮時代末期にこの付近一帯が日本人租界で、租界に住む日本人保護のためこの場所には最初日本領事館が建てられた。

それが日本統治時代に地方行政の中心となる仁川府庁となり、１９３３年に当時流行したモダニズム様式を取り入れた鉄筋コンクリート造りのこの建物に建て替えられた。

正面玄関両側の丸窓が昭和らしいモダンな雰囲気を醸し出している。

当初仁川府庁は2階建てだったが、それを１９６４年に建て増しして3階建てとし、現在の姿になったものだ。

太平洋戦争が終わった後、ここは仁川市庁として使われるようになり、１９８５年に市庁が九月洞《クウオルドン》に移転したことから、現在の中区庁となった。

中区庁
중구청
チュングチョン

住所：仁川広域市中区
新浦路27番キル80

丘に上る細い道を進んでいくと、脇に1901年竣工の白い洋館が現れる

中区文化院

かつての外国人貿易商人たちの社交クラブ。1901年完成

仁川華僑学校前の丘の道を上って行くと、何やら白い壁の洒落た洋館が現れる。

そこはかつての済物浦倶楽部。貿易港として開港して間もない仁川に集まってきたアメリカ人、ロシア人、ドイツ人、日本人ら外国人貿易商人たちの社交クラブとして1901年に完成した。

設計はロシア人建築家サバティン。図書室や社交室、ビリヤード場などを備え、外にはテニスコートまであったのだそう。1990年までは市立博物館・その後中央文化院に。

中区文化院
(旧済物浦倶楽部)

중구 문화원(구제물포구락부)
チュング ムナウォン

住所　：仁川広域市中区
　　　　　自由公園南路25
開館時間　：9：30 ～ 17：30
休館日　：月曜、旧正月、秋夕

欧米人向け社交クラブの名残を残す立派なダイニングテーブル

オシャレなカウンターバー。カクテルを飲んでみたいところだけど、市の施設なので……

料食業組合事務所と付近の非公開和風建築

散策すると旧五十八銀行（現みずほ銀行）や日本家屋も

仁川開港場近代建築博物館の並びには内部非公開だが、ルネッサンス様式で、仁川広域市有形文化財第19号に指定された旧五十八銀行仁川支店社屋がある。

五十八銀行は大阪に本店のあった銀行で、後に安田銀行、富士銀行を経て現在のみずほ銀行となったところだ。

この建物はその仁川支店として1892年に竣工した。戦後は朝興銀行、大韓赤十字社などの社屋として使われたのち、現在は料食業組合事務所となっている。

こちらは非公開なのだが、太平洋戦争敗戦までこの近辺が日本人町だっただけに周辺を散策すると非公開ながら、フォルムが明らかに戦前の日本式商店や日本家屋と思われるような建物があちらこちらに建っている。ぶらぶら散策しながら観察すると何とも興味深い。

料食業組合事務所
요식업조합사무소
ヨシゴプ チョハプ サムソ

住所：仁川広域市中区中央洞2街19-1

近辺のカラオケバー。屋根瓦は葺きかえられているが、フォルムから古い商店建築だと分かる

料食業組合事務所左隣の新光印刷。2階の下見板張りの壁が古風な感じだ

旧五十八銀行の建物は料食業組合事務所となった

ジャージャー麺博物館

1908年創業の元祖総本家
ジャージャー麺の歴史が面白い

　韓国ジャージャー麺発祥の地はここ仁川！1908年に創業した共和春《コンファチュン》という店がその元祖総本家。1970年代に廃業したが、その建物は歴史的価値を評価され、登録文化財246号に指定され保存された。共和春自体は伝説の中華料理店ということで2004年に同じチャイナタウンの中の別の場所で復活。経営者も代わった。元の建物は2012年にジャージャー麺博物館となった。

　ジャージャー麺の歴史や作り方が人形や蠟細工の模型で細かく紹介されていて、昔の出前用の岡持ちや自転車も展示されている。

　ここにきて、初めて知ったのだが、ジャージャー麺は一般的なもの以外に、具をやたら大きく切って、上に乗っける「昔のジャージャー麺」、地方型（地域の特産物をトッピングしたり、味付けを変えたりして郷土料理風に変形したもの）なんてものまであるのだ。ジャージャー麺は元々中国山東省の人が持ち込んだものだが、韓国でアレンジされ国民食となった過程がなかなか面白い。

ジャージャー麺博物館
자장면 박물관
チャジャンミョン パンムルグァン

住所　：仁川広域市中区チャイナタウン路56-14
開館時間：9:00～18:00（入場は17時まで）
休館日　：年中無休

出前バイクと岡持も展示している

リッチな外食がジャージャー麺だったことも……

ジャージャー麺博物館。1908年ごろ竣工

古い日本家屋改造のカフェではお土産として昔の絵ハガキのレプリカも販売

カフェ・History

日本軍が掘った「穴門」上には1930年代の日本家屋

仁川市中区松鶴洞2街20番地の朝鮮王朝末期に日本軍が掘ったトンネル「穴門」が仁川市中区松鶴洞の一角にある。

戦後は虹霓門《ホンイエムン》という名称になっているが、そのトンネルの上に築80年・1930年代前半に建てられた日本家屋があり、カフェとして営業している。

天井を剥がして、ログキャビン風に梁をむき出しにしたリフォームがされていて、古風な建物ながら、なかなかモダンな感じ。

コーヒーは東ティモールのフェアトレードのもの。

日本軍が掘った「穴門」

名物のパッピンス（夏期限定）

カフェ・History

카페 히스토리

カペ ヒストリ

住所：仁川広域市中区松鶴洞２街 1-3

開館時間：13：00～22：00

休館日：日曜、旧正月、秋夕

駅の前に昔ここを走っていた軽便鉄道の SL が観光客を歓迎している。

特集

ちょっと足を延ばして……

조금 발길을 뻗쳐서 ...

せっかくの郊外旅行だから、さらに足を延ばしてみよう。

仁川駅からなら富平《プピョン》で仁川地下鉄に乗換え、源仁斎《ウォニンジェ》駅で更に水仁線《スインソン》に乗り換えて、蘇莱浦口《ソレポグ》駅へ。

ソウルからなら地下鉄4号線の終点・烏耳島《オイド》……関西の方なら4号線の尻《しんがり》の駅がオイドなんてまるでダジャレ……）まで乗って、そこから水仁線に乗換えてみる。

この蘇莱浦口、一応仁川市内なのだが、なんと漁港！

改札を出ると駅前には昔ここを走っていた軽便鉄道のSLが飾られ、その先には魚市場や干物、シーフードを売る露店やその他食べものの店もいっぱい！

ソウル近辺で活きのいい海老を置いているのはここだけ。本当に新鮮なカニを醤油漬けにした「カンジャンケジャン」を置いているのも ここ以外にはない。海老やカニを思う存分食べたい人はぜひ足を運んでほしい。

仁川・蘇莱浦口

인천 · 소래포구

インチョン・ソレポグ

住所	：仁川広域市南洞区論峴洞 680-1（魚市場）
営業時間	：8：00～21：00（店舗により異なる）
定休日	：年中無休

野球のスタジアム入口ではなく、水仁線蘇莱浦口駅

昔の軽便鉄道鉄橋。今は遊歩道になっていて散歩すると楽しい

漁師町だけに屋台で干物をたくさん売っている。右上の魚はなんとエイだ！

韓国の中の日本……食べ物

한국속의 일본 … 음식

戦前日本の置き土産のように残る和食や和菓子。

たくあん

단무지【タンムジ】

トンカツやハンバーグなどの洋食を頼むとなぜか付いてくる。日本のと比べると甘酸っぱく、しわが少ない感じ。

とんかつ

돈까스【トンカス】

90 年代からは日本と変わらない揚げ方が普及したが、以前は肉を叩いて薄くしていた。

お寿司

생선초밥【センソンチョバプ】

刺身同様白身魚で構成。しかも酢飯の酢は利かせない。また、なぜかラッキョウが付く。

天ぷら

튀김【ティギム】

ベーキングパウダー入りで長崎の天ぷらっぽい。醤油につけて食べる。

うどん

우동【ウドン】

汁の色の薄い関西風のうどんが普及。

大福餅

모찌【モチ】

찹쌀떡《チャプサルトク》ともいう。日本語で餅と一言いうと韓国ではこの大福餅が出てくる。

羊羹

양갱【ヤンゲン】

日本のスーパーで売っている羊羹そっくりなのが韓国のスーパーでも買える。韓国には甘いもの好きは少ないと聞いていたのだが、なぜ！？

刺身

생선회【センソンフェー】

韓国人は赤身の魚を好まないためタイ、ヒラメなど白身の魚ばかりが盛りつけられる。

5 章

大田・忠清南北道 / 江原道

대전 · 충청 남북도 / 강원도　デジョン・チュンチョンナンブクド / カンウォンド

江原道は日本人の入植が少なかった地域なので、銀行や鉄道施設を除くと日本統治時代の建物はあまり見かけない。一方、忠清南北道は朝鮮戦争の被害と再開発でだいぶ減ったものの、日本人の入植が多かった大田と江景に日本統治時代の建物が見られる。

【大田市街地】

【原州市内】

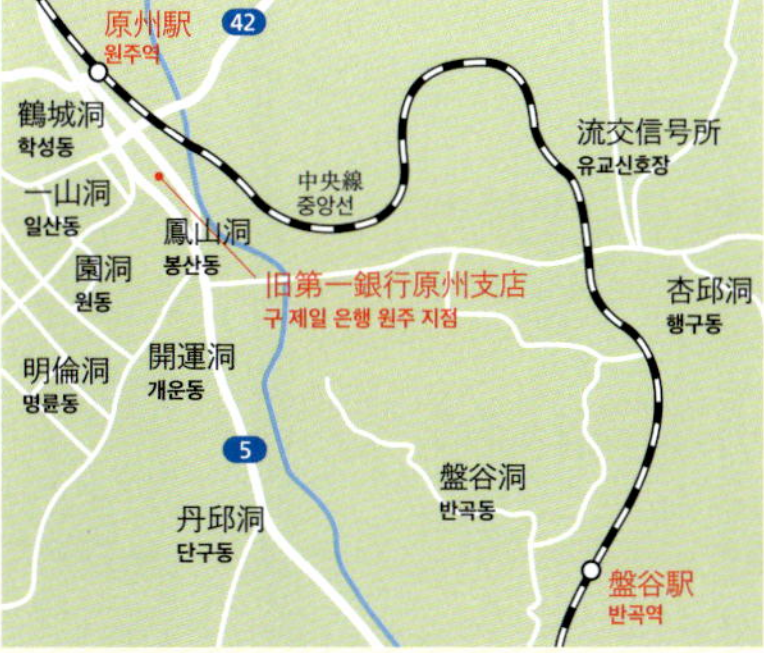

ダビチ眼鏡 大田支店

1936年に建築の朝鮮殖産銀行 今ではビッグ眼鏡チェーン

大田《テジョン》駅を出て、駅前から南西に真っすぐ伸びる中央路をしばらく歩くとダビチ眼鏡という眼鏡屋さんがあるのだが、建物が妙にシブい！

それもそのはず。実は、元銀行建築。1937年に朝鮮殖産銀行大田支店として建設され、登録文化財第19号にも指定されている。

ルネッサンス様式で花崗岩の石柱はドイツや旧満州（中国東北地方）から輸入された石材を使用。

解放後は韓国産業銀行大田支店となり、この建物は1997年まで銀行として使われていた。銀行は屯山洞《トンサンドン》に移転、建物は売却され、代わりに一時期郵便局が入居したものの、その後、眼鏡屋さんに変わったとか。

ただし内装は模様替えされて戦前の銀行の面影はなく、ごく普通の眼鏡屋さんだ。ソウルの明洞に本店を持つ大きな眼鏡チェーン店なので、在庫は豊富そう。ブランド物のサングラスで気に入ったものがあれば買ってもみるのもいいだろう。

ダビチ眼鏡大田支店

다비치 안경 대전 지점

ダビチアンギョン テジョンチジョム

住所：大田広域市東区中洞92-1

入口脇には「ダビチ眼鏡」とハングルで書かれた看板

ルネッサンス様式石造り2階建ての建物

朝鮮戦争当時、韓国軍と北朝鮮軍が交互に駐屯した校舎。

ハンバッ教育博物館

1938年竣工 赤煉瓦の瀟洒な建物

大田駅を出て右、国道17号線を北の方に真っすぐに10分ぐらい歩くと三省《サムソン》初等学校があり、その一角に赤煉瓦2階建ての校舎がある。

ここは三省初等学校の校舎として使われていた建物だが、1992年からハンバッ教育博物館という教育関連資料約2万7千点を展示する博物館となっている。

「ハンバッ」とは別に半端のことではなく、「大田《テジョン》」という地名を固有語に読み換えたもの。

赤煉瓦の建物は1938年竣工で、朝鮮戦争（6・25韓国動乱）のときは、韓国軍と北朝鮮軍が交互に駐屯するという歴史の舞台にもなったそう。

朝鮮時代の生活や寺子屋（「ソダン書堂」という）の様子、1970年代の小学校教室を再現したセット、日本統治時代の韓国人への日本語教育などの資料が迎えてくれる。

裏庭のなぎ倒された「皇国臣民誓詞之柱」は解放後まもなくの反日感情を示すようでなにやら考えさせられるものがある。

ハンバッ教育博物館

한밭교육박물관
ハンバッ キョユㇰ パンムㇽグァン

住所：大田広域市東区尤庵路 96
開園時間：9：30 ～ 17：00（12 月～ 2 月は 16 時で閉館）
休館日：月曜、祝日、旧正月、秋夕の連休
入場料：無料

スクラッチタイルの壁と木製の玄関ドアは雰囲気満点！

旧忠清南道庁舎

1932年竣工 日本のどこかの県庁庁舎に似たデザイン

大田地下鉄中区庁駅4番出口を出て隣の中央路駅の方向に5分ほど歩くとかつての忠清南道庁の庁舎が見えてくる。

ここは1932年竣工。2002年には登録文化財第18号にも指定された。日本のどこかの地方にある県庁庁舎とそっくりな雰囲気のスクラッチタイル張り官庁建築だ。しかも玄関ドアは木製で大きなガラスがはめ込まれていて、レトロな雰囲気満点。

3階部分は1960年に増築。元々は2階建てだったそう。

忠清南道庁は2012年に郊外の洪城郡に移転。今は使われてはいないが、今後博物館として再整備するとか。

大田というところは日本による植民地統治が始まってから新たに開拓された場所で、この建物が出来る以前は単なる畑だったそう。

因みに、忠清南道の元々の中心地は鶏龍山《ケリョンサン》や百済の古都があった公州《コンジュ》市で道庁も大田にやって来る前は広州にあったのだとか。

旧忠清南道庁舎

구 충청남도 청사

ク チュンチョンナムドチョンサ

住所：大田広域市中区
宣化洞 287-2

深川駅

昭和のローカル駅はKTX保線基地の拠点

大田駅からムグンファ号に乗って4つ目の駅、34・5キロの地点に深川駅がある。漢字で書くとJR北海道函館本線の駅と同じ。字面だと「ふかがわ」と読みたくなるが、これで「シムチョン」と読む。

日本のローカル駅のような小さな木造平屋の駅舎は1934年竣工。昭和初期の建築様式を残した貴重な建物だということで、2006年に登録文化財第297号に指定された。

一日の乗降人数は50人前後という一見、古いローカル駅でしかないが、

構内に停まっている保線車両

漢字で書かれた駅名は「ふかがわ？」

実は、この駅が解体も廃止もされずに残った秘密がある。奥にKTXの保線基地が……。古風な顔なのに最新鋭の高速鉄道の線路を守っている。ちょっとアンバランスなところが面白い。

あともう一つ秘密がある。それは、ほぼ同じデザインで作られた駅舎が京釜線大邱駅より一駅ソウル寄りにあることだ。その駅は枝川《チチョン》駅。深川駅は緑の瓦屋根だが、こちらは紺の瓦屋根となっている。

深川駅

심천역

シムチョンヨク

住所：忠清北道永同郡深川面
深川路5キル5番

江景産業高校 校長官舎

赤煉瓦の壁はヨーロッパ風 切妻屋根は日本家屋。軒は韓国風

龍山《ヨンサン》からKTX湖南《ホナム》高速鉄道で論山《ノンサン》まで行き、そこからムグンファ号で一つ先の駅に行くと江景《カンギョン》という古い町がある。西大田《ソデジョン》からだと55キロのところ。

江景駅前の道路を真っすぐに進み階伯路《ケベクロ》という大きな通りとの十字路に出たら真っすぐに右に進むと江景産業高等学校がある。

歩いて行くとちょっと大変なのでここはタクシーで行ってみよう。タクシーなら3分のところ。運転手さんにはこの本のページを見せながら「カンギョン・サノプ・コドゥンハッキョエ・カジュセヨ」と言ってほしい。

高校の一角には校長官舎があるが、ここがぱっと見は洋風の山小屋っぽいデザイン。しかし、よく見るとかなり複雑なデザインの建物。

1931年竣工の建物なのだが、赤煉瓦の壁はヨーロッパ風。切妻の屋根は日本家屋をベースにしながら、真ん中あたりをちょっとたわませていて韓国伝統家屋も意識している。

※非公開で中は見られないが、畳部屋もあるようだ。

江景産業高校校長官舎

강경 산업 고등학교 교장 관사

カンギョン サノプ コドゥンハッキョ キョジャン クァンサ

住所：忠清南道論山市江景邑南橋里1

1931年竣工の校長官舎は大韓民国指定登録文化財第322号

江景旧延壽堂乾材大藥房（江景旧南一堂韓藥房）

１９２３年、珍しい２階建て大正時代の商店建築

昔、韓国の田舎町で瓦屋根の家といえば、平屋の両班《やんばん》の邸宅だった。１９２３年そんな街に２階建ての日本風商店建築が建つ。

見慣れない建物に当時の韓国の人は驚いたことだろう。

江景旧南一堂韓薬房はそんな大正時代の商店建築。建築当時「南一堂韓薬房《ナミルダンハニャクパン》」という「韓方」薬局だった。

韓方？……漢方の間違いでは？と思われた方、これで正解。「韓方」とは漢方を元に韓国で独自に生薬の処方や鍼灸技術を発展させた独自の韓国の医学で、街の病院にも韓方科があるぐらいだ。

最近名称が「江景旧南一堂韓薬房」から「江景旧延壽堂乾材大薬房」に変わった。

江景駅からタクシーなら5分程度のところなので旧名の「旧南一堂韓薬房」と「旧延壽堂乾材大薬房」の文字を大きく併記したものを見せて「ヨギ　カジュセヨ（ここに行ってください）」と言えば行けるが、駅から2キロ圏内なので、江景駅周辺を一日散歩するつもりなら歩けるぐらいの場所だ。

この建物以外にも探せば昔の商店や住宅が……

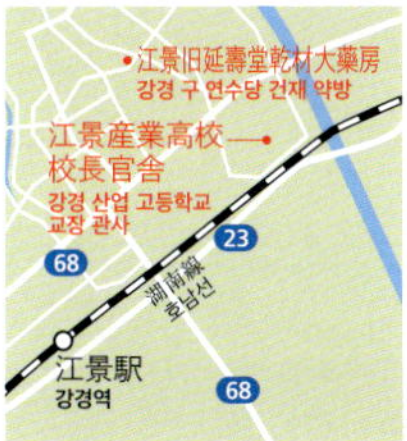

江景旧延壽堂乾材大薬房
강경 구 연수당 건재 약방
カンギョン ク ヨンスダン コンジェテヤッパン

住所：忠清南道論山市
江景邑中央里 88-1

原州駅給水塔

日本統治時代の名残り
ＳＬ列車時代の面影を残す

上 /1940 年に完成した高さ 18 mの給水塔
下 / 日本統治時代に出来たとみられる貨物ホーム

蒸気機関車は石炭を焚いてボイラーの水を温めて水蒸気を作り、その水蒸気の圧力で動輪を動かしていた。従って、水と石炭が欠かせない。概ね石炭庫は１００キロごと、ボイラーの水を補給する給水塔は50キロごとに必要というので、要所要所の駅にはたいてい給水塔があったことになる。

韓国では本線を走る観光列車ではない一般のＳＬ列車の運転は１９６７年に廃止された。その後はディーゼル機関車が牽く客車列車が中心となったが、日本統治時代の名残として給水塔は撤去されず駅の片隅に残されていた。

その多くは忘れ去られていったが、中には文化財指定されたものも残っている。その中の一つが原州《ウォンジュ》駅の給水塔だ。

原州駅給水塔

원주역 급수탑

ウォンジュヨク クプスタプ

住所 ：江原道原州市平原路 158

銀行建築としては小ぶりな平屋建て

旧第一銀行 原州支店

1934年、日本人入植の資金協力をしていた銀行

給水塔のあった原州駅を出て、目の前の道路を左へ左へと進もう。

やがて道が左のピョンウォン路と右の中央路《チュンアン》の二股に分かれるので、右の中央路を進んでほしい。

しばらく行くと韓国スタンダードチャータード銀行原州支店という平屋で白いモルタル仕上げのいかつい建物が見えてくる。

1934年にできた原州地域最初の銀行で、当初は朝鮮殖産銀行と呼ばれていた。朝鮮殖産銀行は日本人が植民地に入植する際に貸付を行ったり、公共団体や殖産会社の公社債の引き受けを行うなど資金協力を行っていて、韓国では侵略活動の先兵を務めた銀行として、実はあまり評判がよくない。

太平洋戦争後、同行は韓国殖産銀行、韓国産業銀行、韓国第一銀行、韓国スタンダードチャータード銀行……と看板を変えていった。

旧第一銀行 原州支店
구 제일 은행 원주 지점
ク　チェイル ウネン ウォンジュ チジョム

住所：江原道原州市中央洞143

現在では列車が停まらず、保線基地の作業員だけが利用する

盤谷駅

朝鮮戦争の銃弾の跡が歴史のドラマのロケ地にも

原州駅からタクシーに乗り、市街地と農道を抜け、森に入ると誰も利用しなくなった駅がひっそりとたたずんでいる。正確には近くの保線事務所の作業員だけが使う幻の駅。

この盤谷《パンゴク》駅は２００７年に利用者の減少から旅客営業を中止したが、工事列車としては利用されている。１９４１年に開業したこの中央線の駅は１９５０年に勃発した朝鮮戦争（6・25韓国動乱）では激戦地となった。駅員さんによると当時の銃弾の跡が今も残っているそう。

また、ソウル市内から高速道路を利用すると2時間余りで来られる場所にあり、ひと気がなくひっそりして、バスを停めるスペースもあるところから、ロケバスを走らせるのに便利だということで、ＭＢＣベスト劇場「コムスクへ行く汽車」を始めとしてドラマや映画のロケ地としても度々利用されているとか。

そんな事情からか、鉄道オタクの人だけでなく、通な韓流ドラマファンの中にもここを訪れる人がいるようだ。

盤谷駅
반곡역
パンゴクヨク

住所：江原道原州市ティッコル2キル85

6章

大邱・慶尚北道

대구 · 경상북도　デグ・キョンサンプクト

慶州は観光と新羅遺跡の町だけに古都をアピールする駅舎が。大邱も日本人の入植が多かった都市だが、日本統治時代の建物というとなぜか教会関連の施設が目立つ。キリスト教の布教活動が盛んだったようだ。

【慶州市】

【大邱広域市】

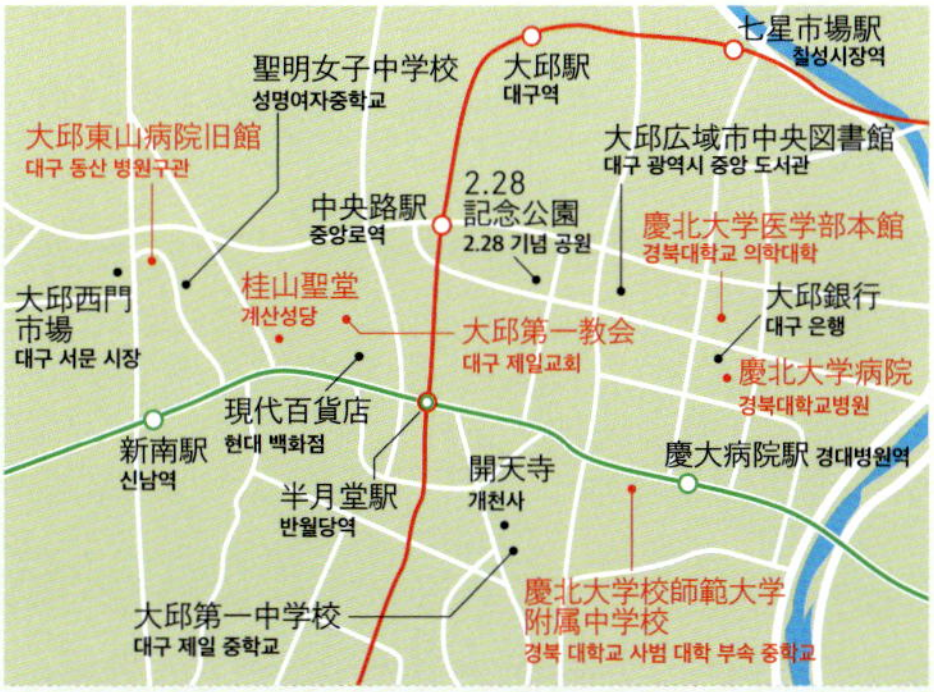

慶北大学病院

1928年に竣工
当時、最先端医療を導入

大邱地下鉄2号線慶大病院《キョンデビョンウォン》駅4番出口を出て200メートルほど歩いたところにある大きな病院だが、ここの玄関が大韓民国史跡第443号に指定された文化財。

そのルーツは1907年に発足した同仁会医院。京釜線の前身である京釜鉄道で嘱託医をしていた医師の提案により開院した病院で、朝鮮半島南部における最先端医療の導入、韓国人医師の養成、韓国人に対する治療費は免除、薬代は半額……という画期的なことをしていたことで、その名を知られている。

その後同仁会病院は官立大邱慈恵医院を経て、大邱道立病院となり、太平洋戦争敗戦で日本人が引き揚げ、韓国の経営に変わった。

また、この慶北病院だが、国内外の患者を集めようと毛髪移植センターを1996年に設置。毛髪に悩みを持つ人々の注目を集めている。特に、全般的な抜け毛治療及び脱毛のための毛髪移植手術に力を入れており、評判を聞きつけて国内外から患者がかけつけてくる、というユニークな病院となっている。

慶北大学病院

경북대학교병원

キョンブクテハッキョ ピョンウォン

住所：大邱広域市中区
東徳路 130

歴史ある病院だが、最近では毛髪移植で注目されている

大学病院の向かいがこの医学部本館

慶北大学医学部本館

1933年設立の医学専門学校 テニスコートと部室も年代物

慶北大学病院向かいにはもう一つ赤煉瓦の建物が。しかもこちらは3階建てだ。1933年に設立された旧慶尚道立大邱医学専門学校で、現在は慶北大学医学部本館となっている。

やはり同仁会医院がルーツになっていて、その後身である官立大邱慈恵医院が1910年に設立した医学講習所がその母体。

医学講習所は当初慈恵医院と共に東門町(現・中区東門洞)にあったが、1926年に火災で焼失、1927年に現在地に移転。公立学校制度の改定により、旧慶尚道立大邱医学専門学校が発足し、それに合わせてこの校舎が建ったのだった。

歴史ある学校だからだろうか?テニスコートとその後の部室らしき建物も年代物だった。

慶北大学医学部本館
경북대학교 의학대학
キョンブクテハッキョ ウィハクテハク

住所：大邱広域市中区
東仁洞2街101

1931 年竣工。太平洋戦争中は警察病院だった

大邱東山病院旧館

アメリカ人宣教師による
最初の西洋式診療所
日本軍使用の警察病院

大邱というところは実に古い病院・医療関係の建築物が多いところだ。

こちらもまた病院。大邱地下鉄2号線の西門市場《ソムンシジャン》駅と半月堂《パヌオルダン》駅の中間辺りにある。

アメリカ人宣教師・W.O.ジョンソンが布教活動の一環として1899年に第一教会の中に設立し、済衆院という大邱で最初の西洋式診療所を母体とした病院だ。

赤煉瓦3階建てのこの建物は1931年に3万5千ドルの資金をかけて建設され、太平洋戦争のときは日本軍が警察病院として使用。朝鮮戦争（6・25韓国動乱）の際には国立警察病院大邱分院として使用された。

因みにこの病院、東洋医学治療とレーザー手術によるシミやシワの治療でかなり有名なところらしい。

付近には西門市場がある。こちらは朝鮮時代には江景《カンギョン》、平壌《ピョンヤン》と並び三大市場と呼ばれたところで、衣類など繊維関係を主に販売しているが、屋台が多いことでも知られている。

大邱東山病院旧館
대구 동산 병원구관
テグ トンサン ピョンウォン クグァン

住所：大邱広域市中区
達城路 56

慶北大学校 師範大学附属中学校

１９２３年開校 朴正熙元大統領の母校

初めてこの建物を見たときはここに通う学生さんには申し訳ないが、お化け屋敷に見えた。古色蒼然とした外観が何ともユニークで遠くからでも古さが際立つが、今でもちゃんと使われている。古さが逆に伝統を感じさせるから不思議だ。

さて、この建物、１９２３年慶尚道立師範学校として開校、１９２９年に官立大邱師範学校となった学校で、朴正熙《パクチョンヒ》元大統領の母校でもある。

戦後、師範学校は慶北大学の学部となり、この大正生まれの古い校舎はそこの附属中学と併設された高校で使うこととなった。なお、慶北大学校師範大学というのは日本式に言いなおすと慶北大学教育学部のこと。

こちらは附属中学だが、師範大学本体は地下鉄1号線新川《シンチョン》駅から徒歩20分のところにある慶北大学山格洞キャンパスにある。OBである朴正熙元大統領のレリーフは中学の方ではなく、そちらのキャンパスにあるのだとか。

慶北大学校師範大学附属中学校
경북 대학교 사범 대학 부속 중학교
キョンブクテハッキョ サボムテハク ブソク チュンハッキョ

住所：大邱広域市中区達句伐大路
2178

なんとな〜くお化けが出そうな校舎だが……

桂山聖堂

１９０２年 フランス人神父設計の本格的カトリック教会

上 / 桂山聖堂の正面
下 / まるでパリの教会のようだ

慶尚北道の中核都市・大邱は人口２４６万人で名古屋より若干多いが、地方都市であることには変わりはない。その大邱にパリの寺院を思わせるオシャレなカトリック教会がある。それが桂山聖堂《ケサンソンダン》。

フランス人宣教師のロベル神父がフランスから建築資材を持ちこんで１９０２年に建てた本格的なカトリック教会だ。

江戸幕府同様に朝鮮王朝もキリシタン弾圧を行っていた。それが１８８６年に締結された韓仏条約で信仰の自由が認められた。

そこで、１８９９年に韓国式木造建築のカトリック教会を建てたのだが、わずか１年で焼失。フランス人宣教師のロベル神父がフランスから建築資材を持ちこんで１９０２年にこの聖堂を完成させた。

桂山聖堂

계산성당
ケサン ソンダン

住所：大邱広域市中区
西城路 10

大邱第一教会

１９３７年完成の歴史的なプロテスタント教会。

大邱第一教会
대구 제일교회
テグ チェイル キョフェ

住所　：大邱広域市中区
南城路 50

大邱第一教会の正面

大邱という街は朝鮮王朝末期から日本統治時代初期、つまり日本の明治時代にキリスト教の宣教師たちが盛んに訪れて布教をしたようだ。そのため、文化財となった古い教会が少なくない。

日本では単に「キリスト教」などといっているが、韓国では天主教《チョンジュキョ》と言われるローマカトリックと基督教《キドクキョ》と言われるプロテスタントに分かれている。前述の桂山洞聖堂は「聖堂」と付くのでカトリック教会。

大邱で文化財となったプロテスタント教会はというと、ここ大邱第一教会だ。あと、お祈りの儀式を「礼拝」というのはプロテスタント。カトリックは「ミサ」だ。

さて、この第一教会、慶尚北道地域最初のプロテスタント教会で、１８９５年に釜山にあった長老派教会の本部が大邱に移されたことで始まった。

薬令市韓医薬博物館の目の前にあるこの教会、当初の建物は瓦屋根の家４軒。１９３７年に高さ33メートルの鐘塔を建てたことで現在の建物が完成。また、この教会は大邱東山病院の母体となった済衆院も建て、慶尚北道地域の医療活動に早くから貢献していた。

花本駅

旅情あふれる駅ナンバー1
人気のローカル駅

1938年竣工の木造駅舎

市販の木製組立模型を作ってみた

中央線《チュンアンソン》花本駅《ファボン》は文化財指定を受けているわけでもなく、ムグンファ号が上下合わせて1日4、5本しか停まらない正真正銘のローカル駅なのになぜか韓国国内の鉄道旅行好きの人たちの間で人気がある。

1938年竣工の木造駅舎は日本のローカル駅にもありそうなデザインである。

1930年代にかつての朝鮮総督府鉄道局が同一デザインの駅舎をいくつかまとめて建設したため、隣の新寧《シンニョン》や乾川《コンチョン》、廃駅となった友保《ウボ》などよく似た駅が同じ慶尚北道のあちらこちらに建っている。

この花本駅は英工房《ヨンコンバン》というメーカーから木製組立キットも出ていて、塗装してない素組の模型が駅員事務所に飾ってあったのが印象的だった。私もソウルでその模型を購入し、自分で塗装、組み立ててみた。

ホームから見えるSL時代の給水塔

花本駅

화본역

ファボンヨク

住所：慶尚北道軍威郡山城面
山城佳音路711-9

慶州駅

韓国伝統建築をモチーフに 1936年完成

JR奈良駅の昔の駅舎はお寺風だったが、ここ慶州駅も同じような印象だ。

1936年に完成した駅舎は遺跡の街で観光地だったところから、韓国伝統建築をモチーフにし、凝ったデザインを採用した。

平屋の煉瓦造りながら寄せ棟の屋根は軒が反りかえり、瓦はお寺で使うような立派な本瓦、棟の両端には鴟尾もある。駅舎に合わせてトイレも水飲み場も全て韓国風デザインでコーディネート。

それ以前も慶州駅はあったが、1918年に開業した私鉄の軽便鉄道で、駅の場所も異なっていた。朝鮮総督府がその軽便鉄道を買収、線路を全て引き直したとか。

慶州は掘ると古代遺跡が次々と出土してしまうところなので、駅舎の完成記念碑も古いお寺の址から出土した三重石塔を使っている。

2010年にKTX東大邱《トンデグ》―新慶州《シンキョンジュ》―釜山《プサン》区間が完成したことで、慶州の玄関口は遺跡を迂回して建てられた町外れの新慶州駅となっている。

慶州駅
경주역
キョンジュヨク

住所 ：慶尚北道慶州市
ウォンファロ 266

遺跡の街だけに駅舎完成記念碑は新羅時代の石塔

駅の公衆トイレも駅舎とお揃いのデザイン

韓国風デザインの駅舎は1936年竣工。現在は赤煉瓦の壁だが当初は白壁だった

修学旅行の名所・仏国寺
（写真提供：韓国観光公社）

木造平屋の駅舎だがデザインは凝っている

仏国寺駅

知られざる文化財
古刹・仏国寺の最寄駅

ＫＴＸ新慶州駅開業で廃止が取りざたされている太平洋戦争以前からの古い駅舎は慶州駅だけではない。その隣にもう一つ仏国寺《ブルグクサ》駅がある。

７７４年建立、世界遺産にも登録されており、韓国の修学旅行生が一度は行く古刹・仏国寺の最寄り駅で、１９３６年に慶州駅が完成する時期に併せて建設された。

ここも木造平屋の小さな駅だが、観光地の駅だということで韓国風デザインで建設された。現在は遠目には洋館のラップサイディング（下見板張り）に見えるものの、近寄ってよく見ると正倉院の壁のようにも見えるユニークな壁に仕上げてある。

かつては慶州の遺跡訪問に朴正熙大統領も利用したそうだが、近年利用者が減少したため、２００８年から切符の販売を地元の人にやってもらう「委託駅」に。

仏国寺は修学旅行生が大勢訪れるだけでなく、駅前の土産物の屋台で木刀を売っているところもまるで日本の京都か奈良のようだ。

仏国寺駅
불국사역
ブルグクサヨク

住所：慶尚北道慶州市産業路
3043-8

7 章

釜山広域市

부산광역시　プサングァンヨクシ

福岡からごく近く、日本人の入植が多かった釜山は再開発でかなりの建物が失われたとはいえ、南浦洞乾魚物市場のように昭和初期の商店街がそのまま残っているようなところもあり、日本統治時代の面影があちらこちらで見られる。

【釜山広域市中心部】

【釜山広域市郊外】

臨時首都記念館

1926年に日本人が建設
慶尚南道知事官舎

三角屋根に赤煉瓦という造りが立派な屋敷に見えるこの建物は、1926年に完成したかつての慶尚南道知事官舎だ。

太平洋戦争敗戦で日本人が引き揚げた後もしばらく韓国人の知事が官舎として利用していたが、1950年6月25日に朝鮮戦争（6・25韓国動乱）が勃発すると、北朝鮮軍に追われて韓国人の避難民は釜山に集結、当時の李承晩《イスンマン》大統領も釜山に移動し、かつての慶尚南道知事官舎を臨時の大統領府として、執務を行った。

旧執務室には李承晩大統領の蝋人形

1926年に竣工した旧慶尚南道知事官舎

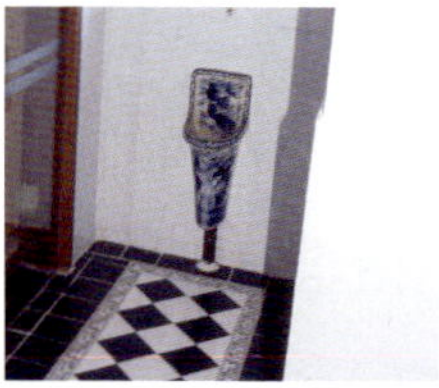

大正末～昭和初期の男性用便器の遺構が残る

日本人が建てただけに押入やふすまがあり、畳もあったのだが、妻兼秘書のオーストリア人女性フランチェスカ・ドナーのため、李承晩大統領は畳を全て撤去し、洋間に改造した。

ちょっと面白いのはトイレの遺構。大正時代末期から昭和初期にかけての男子トイレ用便器が見られるのはもしかしたら、ここだけかも……。

臨時首都記念館
임시수도기념관
イムシ スド キニョムグァン

住所　：釜山広域市西区富民洞2街22
開館時間：9:00～18:00
休館日　：月曜、1月1日
入場料　：無料

釜山近代歴史館

植民地の日本人農民を支援した東洋拓殖株式会社

1929年に竣工した旧東洋拓殖株式会社釜山支店である。

1910年の日韓併合の2年前の1908年、すでに大日本帝国政府は韓国植民地支配への意思を固め、議会で朝鮮の農地開発に低利の融資を行う拓殖法を制定した。

この拓殖法に基づいて設立された国策会社が東洋拓殖株式会社である。韓国に入植し、地主となる日本人農民を支援することで日本に安く米を供給させ、日本本土の米価安定を図ろうとしたわけだが、それは韓国の方々から見れば、単なる侵略機関。いい思い出があるはずもない。

太平洋戦争後はアメリカ文化院などとして使われた

太平洋戦争敗戦で、日本人が引き揚げると米軍が接収、アメリカ文化院や領事館などとして使われた後、1999年に韓国政府に引き渡された。

韓国政府は釜山市庁に建物を譲り、釜山市庁は釜山市の辛い歴史を後世に伝える歴史教育の場として活用することを決め、2003年に釜山近代歴史館として公開した。

釜山近代歴史館

부산근대역사관

プサン クンデ ヨㇰサグァン

住所　：釜山広域市中区大庁洞2街24-2

開館時間　：9：00～18：00

休館日　：月曜、1月1日

※館内撮影禁止

釜山地方気象庁

釜山港を見渡す丘におしゃれな気象台

龍頭山公園北にある伏兵山《プクピョンサン》という小高い丘を上っていくと、頂上に、スクラッチタイル張りで建物のコーナーと窓の上辺が丸みを帯びたちょっと洒落たビルが建っている。

船のブリッジをモチーフにしたこの建物は釜山地方気象庁の測候所。元々は１９３４年に完成した釜山地方気象台だった。太平洋戦争後も引き続き気象台として釜山地域の天気予報をになってきたが、気象台本体は２００２年に東萊区に移転。測候所となる。

釜山広域市記念物51号に指定されているが、一応現役の韓国気象庁の施設。中を見せてもらえるかな……と恐る恐る入口で尋ねたら、観測室以外の物置に使っている部屋を見せてもらえた。打ちっぱなしのコンクリートのうす暗い部屋で中はきれいにされているが、暗くて写真に撮れない。

しかし、窓の外に目を移すとさすがに丘の上。釜山港がよく見え、見まわすと、釜山タワーがくっきりと見えた。

写真を撮らせてもらい、丘を下りていくと、道の途中には古い日本風の屋敷があり、塀から立派な土蔵が姿を見せていた。

ところで、天気予報の電話は日本では１７７だが、韓国では１３１。釜山のホテルからかければ、ここで観測した予報が韓国語で流れる。ヒアリングにチャレンジしたい方はどうぞ。

釜山地方気象庁

부산 지방 기상청

ブサン チバン キサンチョン

住所：釜山広域市中区
大庁洞１街 9-305

気象台の丘に上がる途中にはなんと日本風の土蔵……

船のブリッジをモチーフにした独特のデザインが印象的

釜山に残る戦中派マンション

日本人の手で建てられたマンションが今も

同潤会アパートなど日本では戦前・戦中に建てられたマンションがほとんど取り壊されてしまったが、玄界灘の向こうの釜山に太平洋戦争中に日本人の手で建てられたマンションが残っている。

チャガルチ市場からそう遠くない南浦洞《ナムポドン》6街に旧清風荘アパートと旧昭和荘アパート（共に1944年竣工）が並んで建っている。

旧清風荘アパート

구 청풍장 아파트
ク チョンプンジャン アパートゥ

住所：釜山広域市中区南浦洞 6 街 63

壁に樹木のイラストが描かれているが剝げかかって壁のひびのように見えている。朝鮮戦争（6・25韓国動乱）のときは北朝鮮軍に追われて釜山に避難した大韓民国政府の臨時国会議員宿舎にもなったことで知られている。

昔のままの入口

雑居ビルと化している

旧昭和荘アパート

구 소화장 아파트
ク ソファジャン アパートゥ

住所：釜山広域市中区南浦洞 6 街 80

ネットで偶然見つけたのだが、旧昭和荘アパートの方ではバス・トイレ共同の簡易旅館「新興荘旅館」が営業をしていて泊まれるようになっていた。

整備された宿の廊下

簡易旅館「新興荘」

若者でにぎわうファッションビルの正体は何と元映画館！

東亜デパート

1931年桜庭藤夫が建築した元映画館

ＢＩＦＦ（ビフ）広場近くに東亜デパートという雑居ビルがある。アクセサリーの店や食堂、美容室が雑然と入っていて、何だかただ猥雑な感じにしか見えない。韓国によくある雑多な店が入ったマーケットのように思える。

しかし、実はこの４階建ての武骨なコンクリートのビルは１９３１年に桜庭藤夫という人が造った「昭和館」という映画館だったのだ。

４階部分の天井が高めで窓が妙に小さいところやチラリと見える丸い窓にわずかに映画館としての面影が残っている。

太平洋戦争敗戦により日本人が引き揚げると、映画館は韓国人が運営するようになり、「朝鮮劇場」「東亜劇場」と劇場名を変えていったが、１９６８年に映画の人気が下火になると、映画館は閉鎖、建物は東亜百貨店と名前を変えた。その後、百貨店はテナントビルに変わり、今見るような猥雑な雑居ビルへと変貌した。

今は映写機も何もなく、ここが元映画館だよといっても地元の若者もおそらくピンとこないことだろう。

東亜デパート
동아데파트
トンアデパトゥ

住所：釜山広域市中区
南浦洞３街４

右 ／ 瓦の割れている建物はシートがかかっている
中 ／ 築 70 年以上の古い建物ばかりの商店街
左 ／ 土蔵もある

南浦洞乾魚物市場

チャガルチ市場のすぐ隣のレトロな市場

チャガルチ市場東隣に南浦洞《ナムポドン》乾魚物市場《コンオムルシジャン》という干物専用市場がある。

二日酔いに効くプゴックｸに使う干し鱈や煮干し、韓国海苔等がお土産に買えるのだが、商店街の建物そのものが昭和初期の建物ばかりで凄いことになっている。

この一角だけ再開発されなかったため、その一帯は築70年以上のお店だらけ。映画「チング」のロケ地にもなったため、韓流映画ファンの方だとピンと来るかもしれない。

さて、ここでランチをとるなら、市場の人がよく利用する実費食堂《シルビシクタン》はいかがだろう？ 定食に辛子明太子が付いてくる。博多の辛子明太子は釜山に住んでいた日本人が戦後日本に引き揚げて、懐かしの釜山の味を再現しようとして始めたものなので、実は釜山がルーツなのだ。

こちらが実費食堂。店名の意味は「原材料費だけでサービスしてます」。辛子明太子はこちらではミョンナンジョッという

南浦洞乾魚物市場
남포동 건어물 시장
ナムポドン コンオムル シジャン

住所 ：釜山広域市中区
南浦洞 1 街 36

ムルコン食堂

アンコウ料理専門店はもと昭和初期の日本家屋

チャガルチ市場からそう遠くない場所に一軒のアンコウ料理専門店がある。

赤煉瓦の壁が目立つ木造2階建ての店だが、屋根をよく見ると古風な入母屋造りの瓦屋根！

実は、この店、昭和初期に建てられた日本家屋を改装して今から40年ほど前に開業した店なのだ。そのため、店の床はオンドルに改装されているものの、なんと床の間がある。

店のメニューはアグチㇺ（アンコウ蒸し）、アグスユㇰ（アンコウの湯引き）、アグタン（アンコウ鍋）の3種類。釜山というとチャガルチ市場の刺身が有名だが、アンコウ料理もまたシーフードの美味しい釜山ならではの名物だ。なお、店名の「ムルコン」とはアンコウの別名。

各種アンコウ料理

ムルコン食堂

물꽁식당

ムルコン シクタン

住所	：釜山広域市中区宝水洞２街 89-6
営業時間	：9：00～22：00
定休日	：旧正月・秋夕の連休

食事をする部屋は畳の大広間を改造したためか床の間が残る

屋根をよく見ると入母屋造りで和風住宅の面影が……

新戡蠻埠頭 鵜瀬灯台

釜山に現存する最古の灯台 永久保存に

釜山は港湾として知られているだけあって、当然灯台も少なくない。

その釜山に現存する最古の灯台がここ新戡蠻埠頭鵜瀬灯台《シンカムマンプドゥジェルエトゥンデ》だ。

竣工は朝鮮王朝末期の1905年で旧名は「釜山港北防波堤灯台」。灯台のある戡蠻洞《カムマンドン》は朝鮮時代の海軍司令部「左水営」の本部のあったところ。

最古の灯台ではあるが、本来は灯台ではなく座礁防止のため船舶に浅瀬等の障害物の存在を知らせるため暗礁を埋め立てて建てた「灯標」と言われるもの。

石造りで高さ7メートル。永年釜山港の浅瀬を行き交う船舶に知らせ続けてきたが、2001年に釜山港の埠頭新設工事で浅瀬が埋立てられたことで、灯標のある暗礁が陸地になってしまったため、鵜瀬灯台はお役御免となったものの、釜山最古ということで永久保存されることに。

埠頭の近くには駅はないので行くときは釜山地下鉄2号線モッコル駅からタクシーに乗り、「戡蠻市民埠頭に行ってください(감만시민부두에《カムマンシミンプドゥエ》 가주세요《カジュセヨ》)」と言うか、紙に大きく書いたものを見せるとよい。

釜山に現存する最古の灯台は 1905 年竣工の釜山に現存する最古の灯台

新戡蠻埠頭 鵜瀬灯台

신감만부두 제뢰등대

シンカマンプドゥジェルエトゥンデ

住所 ：釜山広域市市南区戡蠻洞

旧百済病院

今は雑居ビルだが間取りに病院の面影が

一見、赤煉瓦造りの古い雑居ビル

釜山駅を降りて、前の大きな通りを渡って反対側に行き、そのまま坂道を上っていくと、上りきった辺りに古い雑居ビルが現れる。

今でこそおんぼろビルだが、実はこれ、釜山で最初の個人総合病院「百済病院」だった建物。

竣工は1922年で、日本の岡山医専（現・岡山大学医学部）卒の医師・チェ・ヨンヘ（崔鏞海）が東洋拓殖釜山支店から融資を受け、木造の小さな医院を解体して赤煉瓦造り5階建ての病院を建てたのだった。

しかし、1932年に病院経営がうまくいかなくなり、崔医師は日本人の妻を連れて夜逃げ。残された建物は担保権を持っていた東洋拓殖が中国人の楊牟民に売却。なんと「蓬莱閣」という高級中華料理店になってしまった。華僑を中心とする裕福な人たちや近隣のキーセンが常連となり、繁盛したが、オーナーの楊牟民が中国に帰ることとなり、暁部隊こと日本陸軍船舶司令部に転売され、将校宿舎として利用された。

解放後は結婚式場となったが、1972年に火災に遭い結婚式場は廃業。ビルは解体工事費が捻出できなかったため、そのまま改装されて雑居ビルになった。

中は小さな個室が多く、間取りに病院だった時代の面影が残っている。

旧百済病院

구 백제병원

ク ペㇰチェ ピョンウォン

住所：釜山広域市東区
草梁２洞467

学校らしく教室を再現

赤煉瓦の洋館は 1905 年竣工

旧釜山鎮日新女学校校舎

釜山でも稀な明治期の貴重な学校建築

釜山地下鉄1号線佐川駅3番出口を出て、細い道に入り、そのまま坂を上って行くと、坂の途中に赤煉瓦2階建ての洋館が現れる。

ここは1905年竣工の釜山鎮日新女学校の旧校舎。日新女学校は1895年に長老派教会が一軒の藁葺小屋で始めた学校がその始まりで、この建物を新築し、移転の上、当時高等教育を受けることが難しかった韓国人女性のための教育を行った。

1925年に東萊区の方に移転の上、東萊日新女学校と名称を変更、さらに1940年に東萊高等女学校と名前を変えた。

朝鮮戦争（6・25韓国動乱）のさなかだった1951年には新制・中学と高校に変わった。

大正時代の終わりに女子高校舎としての役割を終えたわけだが、釜山でも稀な明治期の貴重な学校建築だということで、釜山広域市記念物第55号に指定され、永久保存されている。

旧釜山鎮日新女学校校舎

구 부산진 일신 여학교 교사

ク プサンジン イルシン ヨハッキョ キョサ

住所：釜山広域市東区
佐川洞 768-1

東莱別荘

もと大地主の別荘で宮廷料理を

森のように鬱蒼とした木々に覆われた庭

韓国を代表する温泉の一つである東莱温泉《トンネオンチョン》。最寄駅は釜山地下鉄1号線温泉場《オンチョンジャン》駅だが、駅から徒歩15分ぐらいのところに古い日本家屋を利用した韓国宮廷料理専門店「東莱別荘《トンネピョルジャン》」がある。

東莱別荘はかつて迫間湯源と呼ばれ、金海《キメ》、昌原《チャンウォン》など朝鮮半島南部に多くの農場を持っていた大地主・迫間房太郎《はざまふさたろう》が1920年代初頭、東莱温泉に建てた別荘だった。戦前の建物らしく、ガラス窓から外を見ると外の景色が涙ぐんだように滲んでいる。昔の板ガラスは吹きガラスを広げて作っていたので平滑にならず、表面が微妙に歪んでいたからだ。

宮廷料理はランチ3万ウォンから。私は予約なしで行った。たまたま部屋が空いていたので入れたが、確実に食事をするためにはやはり予約をお勧めしたい。ただし、日本語はあまり通じない……。ちょっと値は張るが、辛い物が苦手な人には宮廷料理をお勧めしたい。

重厚な玄関。ちょっと料亭っぽいような……

富豪の別荘らしい立派な門構え

東莱別荘

동래별장

トンネ ピョルジャン

住所：釜山広域市東莱区温泉洞126-1

定休日：旧正月・秋夕の連休

電話：051-552-0157

夜の明かりに照らされた影島大橋

影島大橋

通称「ヨンドタリ」は朝鮮戦争の際の避難所

チャガルチ市場付近と影島《ヨンド》の間に影島大橋《ヨンドテギョ》という橋がかかっている。通称「ヨンドタリ」。「タリ」は韓国固有語で「橋」を意味する単語だ。

影島が宅地化し、渡し船では輸送量が少なすぎるということで、1934年に建設された橋で、当初は釜山大橋と名乗っていた。この橋の特色は大きな船がやって来ると跳ねあがる跳開橋。

朝鮮戦争（6・25韓国動乱）の際には北朝鮮軍の猛攻撃を受けたソウルの人たちがここを避難場所の目印とし、「ヨンドタリでまた会おう」といって家族が散り散りばらばらになってここを目指したという話も残っている。また、その当時は避難してきた人たちが橋のたもとに大勢暮らしていたとか。その後、橋は水道管設置工事や跳ね上げ装置の老朽化から、1966年に跳ね上がらなくなり、2000年にはロッテワールド建設のために撤去されかけたものの、住民の反対で保存されることになった、2013年11月27日から跳ね上げ装置が復旧、毎日正午から15分間橋が跳ね上がっている。

影島大橋
영도대교
ヨンドテギョ

住所：釜山広域市 影島区 大橋洞１街 ～中区
※8番、13番、30番の市内バスのほか、釜山シティツアーバス太宗台コースでも行ける。

右／修理する機関車を持ち上げるガントリークレーン
左／朝鮮戦争のとき米軍が持ち込んだディーゼル機関車
大韓民国登録文化財第 416 号

韓国鉄道公社 釜山鉄道車輌整備団

１９３５年から続く ディーゼル機関車整備工場

１９１０年から１９４５年まで続いた日本の植民地統治では水力発電による電力の豊富な北朝鮮に主に工場が作られ、韓国側は農業による開発が進められていた。そのため、古くからの工場があまり残らなかった。それでも南側に残る数少ない戦前の工場が釜山にあったのだ。

この韓国鉄道公社釜山車輌整備団はディーゼル機関車の修理工場。１９０４年に出来た草梁機械工場を前身としていて、今の工場が完成したのは１９３５年。当時としては最新鋭の整備工場だった。

機関車の修理庫や事務所も機関車を持ち上げるための大きなガントリークレーンもみんなその当時のものだ。朝鮮戦争（６・25韓国動乱）のとき、米軍は小型の入換用ディーゼル機関車を持ち込んでいるが、それが１台でＳＬ５両分のパワーがあったため、払い下げを受けた韓国は、それ以来蒸気機関車をどんどん廃車にしてしまった。

古い車両整備庫

韓国鉄道公社 釜山鉄道車輌整備団

한국철도공사 부산철도차량정비단
ハングク チョルト ゴンサ プサン チョルト
チャリャン チョンビダン

住所：釜山広域市釜山鎮区
新川大路 215

東莱駅

童話世界のような1934年当時の駅舎が今も

東海南部線《トンヘナムブソン》の東莱《トンネ》駅はモルタル塗りの壁の裾には小石が埋め込まれ、ちょっとしたアクセントとなり、三角形の瓦屋根と相まって童話に出てきそうなかわいらしい木造平屋駅舎である。

東莱駅は1934年7月15日に営業を始め、しかも当時の駅舎がしっかり残っている文字通りのレトロ駅なのだが、なぜか文化財に指定されていない。しかも、釜田《プジョン》から蔚山《ウルサン》までの区間を2015年複線高架線にして通勤電車を走らせ、現在の線路を廃止にする計画で工事が進み、高架駅への移設が進められた。高架線完成後今の駅舎は解体される可能性が高い。

なお、釜山地下鉄にも東莱駅はあるが、東海南部線の駅まで1・5キロも離れているので、地下鉄経由の場合は新交通システムの4号線に乗って楽民《ナンミン》駅で降りること。そこからだと300メートルほどで、徒歩で行ける。

東莱駅
동래역
トンネヨク

住所：釜山広域市東莱区楽民路 27

ムグンファ号が停車

三角屋根のメルヘンチックな駅舎

松亭駅

２０１３年に廃止になった旧線の駅

東海南部線は戦前の古い木造駅舎がいっぱい残っている路線で釜山から蔚山までの間に東莱、松亭、佐川、南倉、徳下と5つもの駅がある。朝鮮戦争の際、北朝鮮軍に焼かれて、そのあとすぐ木造駅舎を再建した機張まで加えると6駅もあったことになる。

松亭駅の場合は２００６年に登録文化財第３０２号に指定されたので、電車の走る新線が完成してもとりあえず解体は免れている。駅の開業は１９３４年12月16日と東莱駅と一緒だが、現行駅舎の完成は無人駅から普通駅に昇格した１９４１年6月1日のことだった。

沿線の海産物を輸送する目的で建設された駅で、渦巻状の鍛鉄で装飾された優雅な旧貨物駅上屋の柱がお洒落だ。

近くには海水浴場もあるが、この近くに海の近くを列車が通る風光明美な場所があって、海辺のペンションから海辺を列車が走る姿がよく見えたので、わざわざ写真を撮りに行ったことも…。２０１３年12月に高架線に移設され、これまでの線路は廃止となった。

松亭駅

송정역

ソンジョンヨㇰ

住所：釜山広域市海雲台区海雲台路 1147

海岸線を走っていた列車

登録文化財第 302 号に指定された木造駅舎

右／いかにも韓国のローカル駅らしい出札口
中／東莱駅と同様の 1934 年竣工の三角屋根木造駅舎
左／駅前の民家や食堂は日本の漁村の雰囲気……

佐川駅

文化財指定がないため2015年撤去の可能性も

釜山広域市と蔚山広域市の市境の釜山側の駅。名前は「佐川」と書いて「チュァチョン」と読む。開業は、松亭駅と同じ1934年12月16日。駅の植木を手入れしていた駅員さんによると駅舎は開業当初の姿をほぼ保っているのだとか。

ただし瓦屋根を見ると、6・25韓国動乱以降に普及したセメント瓦なので、屋根の補修はされているようだ。

デザイン的には東莱駅とあまり変わらないが、三角形のファサード部分に出入口がなく、窓になっていて、右わきに出入口がある点が特徴的だといえる。駅舎と線路の間にはイチョウの木が植わっており、秋にはギンナンが実る。

残念ながら、東莱駅同様に韓国文化財庁の登録文化財に指定されていないため、この駅舎も東莱駅同様に2015年に撤去されてしまう可能性がある。その上、戦前は日本人漁師の住む漁港だったのだろうか……。和風の戦前物件がちらほら見えたりして……。

佐川駅
좌천역
チュァチョンヨク

住所：釜山広域市機張郡
長安邑佐川路 40-13

錆びないように屋根をかけた場所で展示されている釜山市電

特集

釜山市電

부산전차

釜山にも1915年から1968年まで路面電車が走っていた。

釜山の市街地から東莱温泉まで観光客を運ぶために1909年に開業した軽便鉄道を路面電車化したのがそのルーツで、最盛期には路線延長は21・7キロに達した。

廃止後は線路は剝がされ、電車は解体の憂きめに。

しかし、たった1両だけ、研究用として東亜大学が引き取り、九徳キャンパスで保管、2011年に富民キャンパスに移されて整備された上、一般公開されたのだった。

保存されている車両は朝鮮戦争（6・27韓国動乱）で北朝鮮の攻撃に遭って多くの電車が焼けたとき、米軍が輸送力回復のためアトランタ市電から持ち込んだもの。

車内も祝日を除く月曜日から土曜日までの午後3時から1時間だけ公開している。

住　所：釜山広域市西区九徳路 225
※釜山地下鉄 1 号線土城駅 2 番出口から徒歩 5 分

二人掛け座席が並ぶ室内

8章

慶尚南道

경상남도　キョンサンナンド

鎮海は旧帝国海軍の基地があったところで、駅舎とロータリーのある街並みが美しい。蔚山は日本統治時代に中国地方の漁民がまとまって入植したところなので、住民は韓国人漁師になったものの、昔の日本漁師の家が残っている。

晋州駅車両整備庫

1931年より前 私鉄線だった頃の 蒸気機関車整備庫

韓国鉄道公社慶全線《キョンジョンソン》の馬山《マサン》―晋州《チンジュ》は1931年に朝鮮総督府鉄道局に買収されたが、それ以前は「南朝鮮鉄道慶南線」という私鉄線だった。

その私鉄線が開業した当初に設置した蒸気機関車の修理庫が旧晋州駅構内に残っている。韓国の昔の蒸気機関車車庫で残っているところは赤煉瓦矩形庫のここだけ。

2007年までディーゼル機関車の整備を行っていたが、整備セクションの移転により庫内の引き込み線のような2本の線路だけを残して線路は撤去されている。

晋州駅自体は慶全線複線電化とソウル・東大邱方面からのKTX乗入列車を受け入れるため4キロ離れた場所に引っ越してしまい、整備庫は取り残されてさびしそうに立っている。1925年に完成した貴重な遺構で2005年には登録文化財202号に指定された貴重なものなので、何とか有効活用してほしいものだ。

晋州駅車両整備庫

진주역 차량정비고

チンジュヨク チャリャン チョンビゴ

住所：慶尚南道晋州市晋州大路879番キル18号

SL時代の天井

線路はすでに撤去されて久しい

待合室のマントルピースが雰囲気満点

凝った駅舎だけど列車は桜まつりのときにしかやってこない

鎮海駅

海軍基地の玄関口
英国の小住宅風木造駅

イギリスの小住宅を思い起こさせるようなかわいらしい三角屋根の鎮海《チネ》駅。馬山《マサン》からここまでわずか20キロ足らずの短い区間を走るローカル列車が1日2往復するだけの小さな駅だった。たいていの場合こうした駅は無人駅になるか廃止されるかしてしまうものだが、実際、2015年2月から臨時列車と貨物列車しか発着しなくなった。

実は、線路の先に韓国海軍基地があり、軍用列車が出入りしているのだ。軍用列車は乗るのも写真を撮るのも厳禁だが、年に一度、桜の季節に行われる軍港祭のときだけは軍用列車に乗せてもらえることもあったそうだ。

鎮海というところは日本でいえば横須賀や呉のように戦前に海軍の基地が置かれた軍港都市。

それだけに鎮海駅のある鎮海線は慶全線の支線ながら重要路線に位置づけられ、レールも幹線並みの太い物を使い、大きな機関車が出入りしていた。

駅舎は、鎮海線が敷設された1926年11月11日には完成。2005年9月14日には登録文化財第192号にも指定された。

鎮海駅

진해역

チネヨク

住所：慶尚南道昌原市
鎮海区忠将路 71

鎮海郵便局（1912 年竣工・大韓民国史跡第 291 号）

鎮海の街並み

旧日本海軍の軍港都市の面影を残す

鎮海は街の真ん中に大きなロータリーがある。そのロータリーの一角に2000年に閉鎖された昔の郵便局が……。

ここ旧鎮海郵便局は1912年竣工で白い壁と若草色の窓枠が美しいロシア風デザインの郵便局。現在、郵便局本体は裏手の方に新しいビルを建てて、そちらで営業し、この建物は普段扉を固く閉ざしている。

1984年に史跡第291号に指定。現在のところはイベントなどでごくまれに公開するだけで、普段は使っていない様子だが、鎮海駅同様街のシンボルとして親しまれている。

屋根が古い日本瓦の棟割り長屋

築 100 年の平屋建て食料品店

旧鎮海郵便局

구진해우체국

ク チネ ウチェグク

住所 ：慶尚南道昌原市鎮海区通信洞 1

古い２階建ての店舗が並ぶ商店街

旧鎮海郵便局があるロータリー一帯はかつての日本海軍が整備し、日本人が大勢住んでいた地域なので、日本統治時代に建てられた和洋折衷デザインの古い家や商店が数多く残っており、ロータリー周辺をぶらぶら歩くだけでも楽しめる。

それではちょっと、ロータリー周辺をゆっくり歩いてみよう。

まず、商店街はだいたい2階建てか平屋の木造長屋形式で、韓国の建物ではあまりないスタイルだ。

屋根瓦が傷んだところはブルーシートがかけられたり、ブルーの樹脂みたいなもので固めてあったりするが、老朽化が進んでいるところは文化財指定をされていない場合、早晩建て替えられてしまうことだろう。もし、これらの建物をぜひ見たいという方は早めに訪ねておこう。

仙鶴コムタン

선학곰탕
ソナㇰコムタン

住所　：慶尚南道昌原市鎮海区槿花洞 16
営業時間：11：00 ～ 21：00　※ 14 時 ～ 17 時に臨時に店を閉めることもあり
休館日　：日曜、旧正月、秋夕

コムタンの名店「仙鶴コムタン」

建て替えられていない場合はリフォームで屋根瓦を新品の韓国瓦に葺きかえたり、サイディングを新しくしたり、木製の古いサッシをアルミサッシに取り換えたり……。

そこで、街を歩くときは屋根に注目を。なんとな～く古いなとか、日本にこんな建物、ありそうだ！……などと感じる建物があったら、注目を！

私はここを訪れた際、気になって仕方がなかったので、こうした長屋の一軒に勇気を持って、「中の写真を撮らせてください！」とずうずうしくもお願いしてしまったこともあった。それがこのお宅。おじいさんが一人で店番をしている食料品店だった。

そのおじいさんによると築100年だそうなので、旧鎮海郵便局が建った頃、都市計画で整備された建

昔のままの木の天井

表札は漢字で日本風

東京の下町にありそうな民家

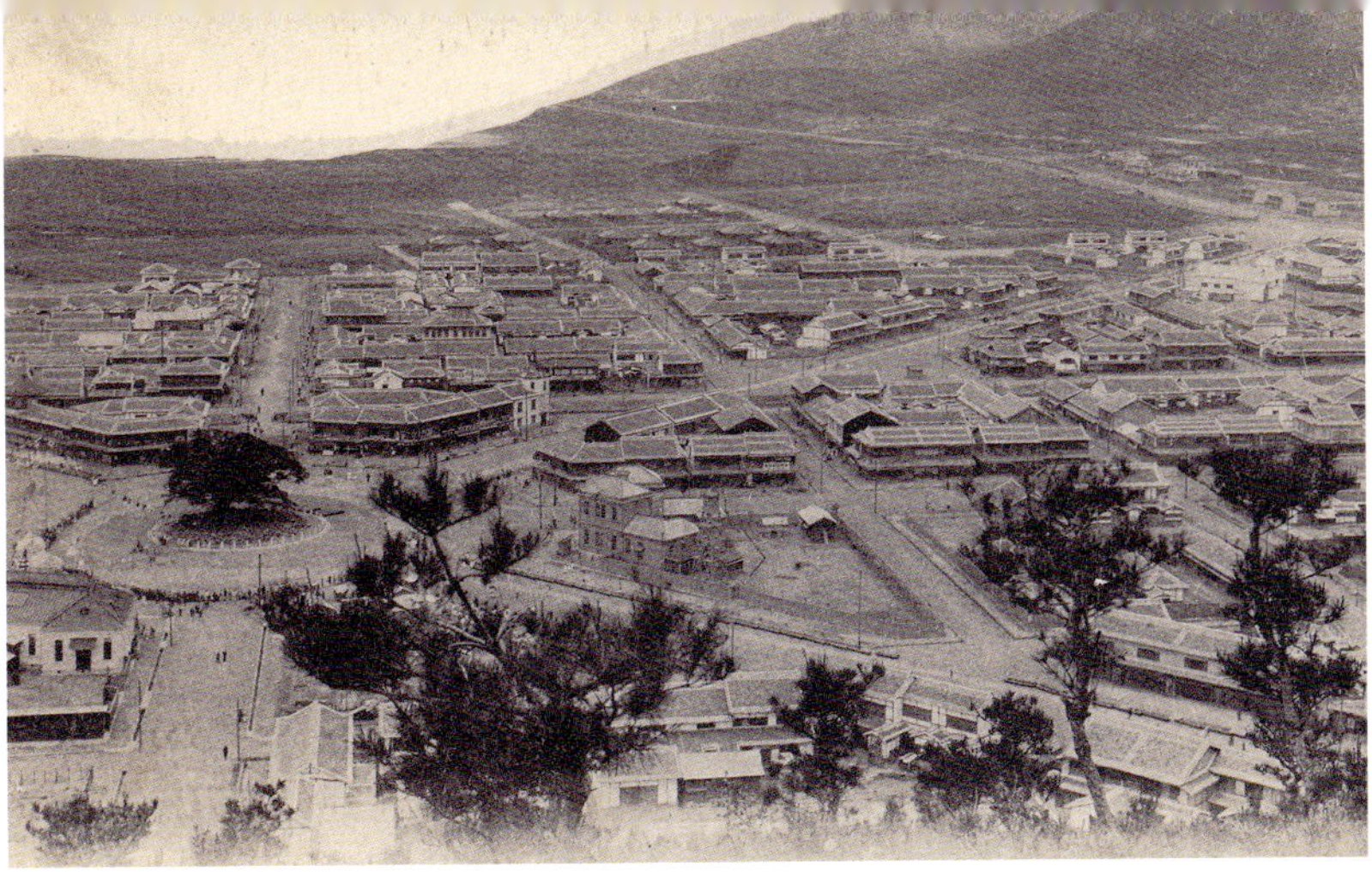

因みにこちらは、私の持っている軍港都市・鎮海が出来たばかりの頃の絵ハガキ。中央のロータリーや長屋形式の商店街の様子がよくわかる

物の一部だったかもしれない。

　表札は漢字で日本風。畳は撤去されてオンドルに変わっているが、木の天井や欄間はほぼそのまま、障子まで残っていた。韓国の人が日本家屋に住むと冬の隙間風が寒くて辛いので、和室をオンドル部屋に改造してしまうのが普通なので、畳が残っているのは、きわめて珍しい。

　さて、こちらの建物は仙鶴《ソナク》コムタンというコムタン屋さん。

　韓国牛の骨から取ったミルク色のコムタンスープが美味しい店として知られているが、かつての鎮海海軍統制部病院・院長官舎を食堂に改造したもので１９１２年竣工。

　旧鎮海郵便局とほぼ同じ頃建てられたもので、２００５年に登録文化財第１９３号に指定された。店内にはその当時の旧式の電話や蓄音機なども飾ってある。

和風民家を改造した店

左の店、実は犬鍋屋さん……

コムタンの名店「仙鶴コムタン」

一見、古いコンクリート橋にしか見えないけれど……

蔚山旧三湖橋

1924年の近代橋梁 現在は歩行者専用に

蔚山広域市を流れる大きな川「太和江《テファガン》」に幅5メートルの鉄筋コンクリートの橋がかかっている。

この橋は三湖橋《サモギョ》といって、蔚山から釜山までの道路を大回りしなくて済むように、1924年、太和江に架けられた蔚山地域初の近代橋梁である。

でも幅があまり広くないのでトラック同士のすれ違いはちょっと大変で、反対側からトラックが来るとバック！……なんていうこともよくあったようだ。

老朽化が進んだ上、近辺に自動車用の橋が2本出来たため、現在、三湖橋は歩行者専用橋になってしまった。補強工事を終え、付近の遊歩道ともどもランニングをする人やサイクリングをする人が行き交っている。

幅5ｍの三湖橋。トラック同士はちょっとすれ違えない

蔚山旧三湖橋

울산 구 삼호교

ウルサン ク サモギョ

住所：蔚山広域市中区
茶雲洞 467

蔚気灯台

日本統治時代の古い灯台 ホントは「蔚気灯台」

蔚山《ウルサン》の大王岩公園《テワンアムコンウォン》の遊歩道の一角に日本統治時代初期の古い灯台が残っている。漢字で「蔚気灯台」と書くが、ホントは「蔚崎灯台」。「崎」の字が日本語でしか使わない文字で、韓国の地名としてふさわしくないという意見から無理やり漢字を「蔚気」にされてしまったのだ。

因みに「蔚崎」も「蔚気」も韓国語の読み方は「ウルキ」、つまり当て字なのだ。

1906年に竣工したこの灯台は1987年に建てられた高さ24mの新灯台にその役目を譲り、記念物として保存されている。旧灯台の傍らには事務広報棟というミニ博物館があり、灯台の歴史を紹介したパンフレットを配布している。

1906 年竣工の旧灯台

蔚気灯台
울기등대
ウルキ トゥンデ

住所：蔚山広域市東区
灯台路 155

パンフレットで紹介されていた蔚気灯台の変遷。右からランプを木にぶら下げただけの「灯竿」、1906 年に完成した高さ 6 mの初代灯台、見通しが悪いということで、ストレッチされて 3 階建てになった 1972 年の状態、1987 年に新たに出来た第 2 代灯台となっている

方魚津漁村住宅街

岡山県の漁師が入植・開拓した漁村

ハングルで「毎日スーパーマーケット」と書かれた看板のあがった食料品店

蔚山広域市東区の一角に方魚津《パンオジン》という小さな漁村がある。明治20年ごろから岡山県日生町をはじめとする漁民たちが朝鮮半島に出漁するようになり、彼らはやがて入植し、日本人町を作るようになった。

戦前は林兼（現・マルハニチロ）が支店を構え、サワラやイワシ、サバなどの漁業で栄えたところだったが、今はどことなくひっそりしている。

道を歩いていた人に尋ねてみると「うちもおじいさんが日本の漁船に乗っていたよ」なんて答えが返ってきた。「今はものさびしい漁村だよ。地元の人たちで裕福な人は出て行っちゃうからね。私らみたいな貧しい人ばかりが村に残る。今も昔もここいらは貧乏人のたまり場さ」……などという自嘲気味の声も。観光地化されてない半面、いつ再開発されるかも分からない……。

方魚津漁村住宅街
방어진 어촌 주택가
パンオジン オチョン チュテッカ

住所：蔚山広域市東区方魚洞344、345付近

右／古い日本家屋の屋根をなぜか半分だけ韓国瓦に葺きかえてしまった民家
左／閉店してしまったけど、CALL茶房という喫茶店だった建物。元は日本人の長屋だったそう

COLUMN ✚ 칼럼

韓国の中の日本の言葉

한국속의 일본말

植民地時代に伝わった日本語は固有語への置き換えや別の漢字語への入れ替えが行われているが、言い換えが利かないものや言い換えた漢字語自体が日本から伝わった漢字熟語だったりするので、韓国語から日本語の痕跡は未だに消えていない。

✚ 発音まで日本語そのものの単語

元となった日本語	韓国語での表記【発音】	言い換え単語
おでん	오뎅【オデン】	생선묵
あなご	아나고【アナゴ】	붕장어
靴	구두【クドゥ】	신발
鞄	가방【カバン】	なし。中国語の「夾板」を語源としている。
わさび	와사비【ワサビ】	고추냉이
無鉄砲	무데뽀【ムデッポ】	무모（無謀）하다
仕舞	시마이【シマイ】	끝냄，마침，끝
缶切	간키리【カンキリ】	깡통따기
根性	곤조【コンジョ】	심지，근성
呼び鈴	요비링【ヨビリン】	초인종

✚ 単語の一部に日本語の単語が混入

元となった日本語	韓国語での表記【発音】	言い換え単語
鶏肉スープ	닭도리탕【タㇰトリタン】	닭볶음탕
豆	마메콩【マメコン】	콩
電気玉	전기다마【チョンギダマ】	전구

✚ 日本語の漢字語をそのままハングル読みにしているもの

元となった日本語	韓国語での表記【発音】	言い換え単語
無理	무리【ムリ】	なし
市民	시민【シミン】	なし
計算	계산【ケサン】	なし
都市	도시【トシ】	なし
経験	경험【キョンホㇺ】	なし
解決	해결【ヘギョㇽ】	なし
化粧品	화장품【ファジャンプㇺ】	なし
勤務	근무【クンム】	일
記録	기록【キロㇰ】	なし

公開されている車内の様子

特集

陝川映像テーマパーク

합천 영상 테마파크

大邱からだと市外バスで1時間、釜山からだと2時間かかる山奥に映画「ブラザーフッド」やドラマ「エデンの東」「京城スキャンダル」などを撮影したスタジオがあり、一般公開されている。

映画会社がやっているのではなく、地元の陝川郡庁が運営しているせいか、入口の入場券を切るモギリの人がなにやら田舎のおばちゃん風で訛りのきつい韓国語で案内してくれる。

ホテルのセット。日本統治時代のソウルでは実際にはシティーホテルはウェスティン・チョースンの前身「朝鮮ホテル」とロッテホテルの前身の「半島ホテル」ぐらいで後は日本旅館ばかりだったようだ

ゲートに入るとすぐに路面電車が……。一応ソウル市電のつもりらしいが、黒い路面電車ってあまり聞いたことがないのだが……

入場券を買って中に入るとど～んと目に入るのがこのゲート。ちょっとショッピングモールの入口みたいな気もするが……

レストランのセット。実際に中で食べられたらなぁ……

路面電車の走る通りはやや狭め。それに合わせて単線になっている

セットの洋品店。「丁字屋」という看板とネオンサイン、ちょっとルネッサンス風っぽいデザインがオシャレでかわいらしい

展示物は映画のセットなのでもちろん全て作り物。でもそこには日本の昭和文化と相通じる日本統治時代から漢江の奇跡と呼ばれた1970年代ぐらいまでの古い韓国の姿があった。

建物だけでなく、軍用トラックや蒸気機関車、路面電車の実物大模型まである。

ただ、セットの看板の日本語や路面電車のプロポーションがちょっとずつ変だったり、「食堂」と看板に書いてあっても中はがらんどうで、実際に食事やお茶を楽しめる場所が一カ所ぐらいしかなかったりという不便な面もあるが、韓国の映画やドラマがお好きな方なら、あのシーン、ここで撮ったんじゃない？……という発見も出来て刺激的で面白い場所であるかもしれない。

セットの中のリアルな建物たち

旅 館

警察署

郵便局

新聞社

映画館

盛業中の中華料理店

実際にありそうな雑居ビル

電車の来そうなガード

なんとニセモノのソウル駅！

建物だけではなく、こんなものも再現……

妙にリアルな SL

軍用トラック

何故か戦闘機まで…

行き方

東大邱から……
① KTX 東大邱駅から大邱地下鉄東大邱に乗り換える。
②聖堂モッ（성당못【ソンダンモッ】）で下車、大邱西部バスターミナルから陜川市外バスターミナル行きバスに乗る。（所要時間 1 時間 10 分）
※切符を買うとき「합천【ハプチョン】」と書いた紙を見せましょう。乗る時はこのハングルを頼りに……
③陜川市外バスターミナルからは「합천영상테마파크【ハプチョンヨンサンテーマパーク】」と書いた紙をタクシーの運転手さんに見せて「ヨギ　カジュセヨ（ここに行ってください）」といってみよう。

釜山から……
①釜山駅からだと地下鉄 1 号線で西面（서면【ソミョン】）に行き、2 号線に乗り換えて、沙上（사상【ササン】）で下車。
②釜山西部バスターミナルに行き、陜川市外バスターミナル行きバスに乗る。（所要時間約 2 時間）あとは東大邱からのコースと同じ。

陜川映像テーマパーク

합천영상테마파크
ハプチョンヨンサンテーマパーク

住所　：慶尚南道陜川郡龍洲面佳湖里 418
開館時間：9：00 ～ 18：00
（11 月～ 2 月は 17 時で閉館）
休館日　：年中無休
入場料　：大人 3000 ウォン
子供 2000 ウォン
幼児・65 歳以上無料

あくまでもセットなので、中はがらんどう。また、戦前の表記どおり忠実に横書きで右から左に看板が書かれているが、日本語の分からない方が書いているのかもしれない。うどんがうーどんになっていたりして、その辺はちょっとご愛嬌！

COLUMN ✚ 칼럼

韓国の宿泊施設 いろいろ

한국의 숙박시설 여러가지

モーテルでも外国人向けの格安宿泊施設がある

新しいところだと快適なビジネスホテル

韓国の宿泊施設には厳然とした階級がある。

まず一番頂点に立っているのが高級観光ホテル。玄関にムクゲの花が5つ付いた表示が出ているところで、最高級の特1級と高級の特2級に分かれている。たいていの場合付帯設備として、フィットネス、サウナ、ビジネスセンター、レストラン、カフェなどの施設がある。特1級だとシングルとかダブルがだいたい1泊3万円前後で日本の高級ホテルと値段は変わらない。

次に中級観光ホテル。ムクゲの花が4つ付いたところで、1級観光ホテルと呼ばれる。さらにその下にあるのがビジネスホテルでムクゲの花3つの2級観光ホテルとムクゲの花2つの3級観光ホテル、ムクゲの花の表示のない一般ホテルがある。古くてあまり清潔でないところもあるが、新しいところは実は狙い目。部屋は狭いが、ウォシュレット完備、コインランドリー付き、朝食無料といったサービスがあって、古い中級ホテルより快適なところも。大抵日本語サイトで予約できるので、この種のサービスは要チェック！

この下のランクがモーテルや荘《ジャン》級旅館。店名が「××荘《ジャン》」となっているところが多い。こうした旅館はラブホテルも兼ねているが、一部のモーテルではカップルではなく外国人客にターゲットを絞っているところも。そういう宿は日本語サイトで予約を受け付けている。

日本円で3000円以下の激安宿泊施設もある。それは旅人宿《ヨインスク》、つまり簡易旅館。トイレ・シャワー共用であまり清潔ではない。

もし2泊3日以内ですぐに帰国するのなら、思い切ってチムジルバンというテも。サウナ、食堂、睡眠室がそろって、日本円で2000円程度で泊まれるが、財布やパスポートには気を付けて！

9章

全羅北道

전라북도　チョルラブクト

全羅道は穀倉地帯で日本人農夫や地主が多かった。中でも群山はそうした日本人たちの町が形成され、今でも当時の建物が数多く残る。群山市の方でもそれを観光資源にしようと目下てこ入れ中で、古い日本家屋が次々とリフォームされている。

旧春浦駅駅舎

1914年竣工
韓国最後の駅舎

2005年に全羅北道益山市の農村部に位置する小さなローカル駅が突如登録文化財210号に指定され、脚光を浴びた。韓国に解体されずに残る最古の駅舎であることが認められたからだ。ソウル駅や新村駅より古い1914年に竣工した韓国最古の駅舎「春浦駅《チュンポヨク》」は開業当初は日本人が多数入植した大場村という開拓民農村「大場村」があったところから開業当初は大場駅を名乗っていた。

1970年代になると繊維関係の工場が近くに出来、工場で働く若い女性が大勢利用するようになり、一時は繁華街もできたが、その後徐々に過疎化してゆき、2004年には無人駅となった。

「大場」という地名は日本人農民が入植し、小作料を搾取された苦い思い出のある名称であるところから1996年に春浦駅に改称。

2011年には所属する全羅線が複線電化され、線路が敷き直されたため、廃駅になってしまった。しかし、文化財だということで、駅舎は益山市に譲渡され、益山市の手によって修復され、文化教室に活用するなどの再利用が模索されている。

旧春浦駅駅舎

구 춘포역역사

ク チュンポヨクヨクサ

住所 ： 全羅北道益山市春浦面
春浦１キル 17-1

右 ／ 無人駅になったとき、地元の不良学生が侵入しないようにと窓をふさいでしまった駅舎
中 ／ 反対側から見ると体育館倉庫にしか見えない質素な建物
左 ／ 列車の停まらないホーム

土を盛っただけの粗末なホーム

農村の駅らしく、駐車場にはトラクター

臨陂駅

日本人農場主が収穫した米を送り出した駅

日本統治時代、群山というところは日本人による土地所有の割合が朝鮮半島の中でも特に高い地域で日本人農場主の下で韓国人（当時は朝鮮人と呼ばれた）の小作人が働くケースが全体の8割を占めたとか。

そうした中、日本人農場主が収穫した米を群山港から日本に運び出すための集約場所が必要だったため1924年に駅員配置簡易駅としてこの臨陂駅が設置された。

今残っている駅舎が完成したのは1936年12月1日のこと。簡易駅から普通駅に昇格となった際に駅舎が建てられた。この駅の周りは今でも田んぼが広がっている。

しかし、貨物と利用者の減少から2008年5月1日に廃駅となった。

無人駅時代はベニヤ板で塞がれていた窓も再整備され、駅の中には人形が置かれ、最盛期の様子が再現されている。

臨陂駅

임피역

イムピヨㇰ

住所：全羅北道群山市
臨陂面書院
ソッコク路37

本尊の釈迦如来三尊像と天井の蓮の花飾りが韓国的。

とても韓国のお寺には見えない本堂

東国寺

日本人僧侶・内田仏観が開いた日本式寺院

韓国のお寺と言えば、丹青《タンジョン》といって、青、赤、黄色、白、黒の五方色に彩られたきらびやかなイメージで屋根も軒が緩い弧を描いた感じが主流。

ところが、白い壁、こげ茶色の柱や建具、軒の端だけが反って、あとは一直線のとても日本のお寺にしか見えない寺院が韓国・群山に残っている。

大韓仏教曹渓宗・東国寺《トングクサ》というれっきとした韓国のお寺なのだが、その建物は日本統治時代の古い禪寺そのもの。

元々は１９０９年に鳥取県出身の禪僧・内田仏観が開いた庵で、１９３２年に現在の本堂（大雄殿）が完成、鐘撞き堂の鐘も京都から取り寄せた。当時の名称は月明山錦江寺。裏にはお墓もあったとか。

それが、太平洋戦争の敗戦で本尊は日本人が持って引き揚げ、裏のお墓も撤去し、単なる竹やぶとなった。米軍が接収した後、韓国人僧侶が払い下げを受け、韓国寺院・東国寺となり、畳の部屋は全てオンドルに改造、本尊は韓国国内で用意した釈迦如来三尊像を安置した。

東国寺
동국사
トングクサ

住所：全羅北道群山市
東国寺キル 16
（錦光洞 135-1）

旧群山税関

太平洋戦争中は米を日本に送るための税関として機能

韓国の三大西洋古典様式建築物はソウル駅、韓国銀行本店（貨幣金融博物館）、そしてこの旧群山税関だ。

旧群山税関は、日韓併合前の1908年に完成した。建築資材の赤煉瓦はベルギーから調達し、設計者は名前こそ残っていないがドイツ人だったといわれている（フランス人の説もあり）。赤煉瓦造りの平屋。デザインは、屋根がゴシック様式、窓はロマネスク様式という大変凝った造りで、群山市のシンボルとなっている。

群山税関は米の輸出入のために設置された。日本統治時代、群山は「コメの群山」ともいわれ、全羅南北道各地で収穫された米をここから搬出。その背後で地主たち（日本人も含まれている）が韓国人農夫から高い小作料を徴収。手にした穀類を自分たちだけで消化しきれず、業者に売って、財をなし、売った米は群山港から出荷された。

旧群山税関
（湖南関税展示館）
옛 군산세관 (호남관세전시관)
イェッ グンサンセグァン
（ホナム クァンセ チョンシクァン）

住所	：全羅北道群山市藏米洞 49-38
開館時間	：10:00 ～ 17:00（土日祝日は 13 時で閉館）
入場料	：無料

資料が展示されている室内

ゴシック風の凝った赤煉瓦の建物

李永春邸

地域医療に一生を捧げた医師の家。ロケ利用も

「氷点」「砂時計」「野人時代」など韓国でドラマや映画のロケ地としても活用された場所。

群山市の町はずれで、農村地帯の一角、群山高速ターミナルからタクシーで約12分のところにログキャビン風の家がある。ここは群山の日本人大地主・熊本利平が1920年代に建てた別荘だった。

この熊本利平の農場に1935年4月、33歳の若さで慈恵医院長として赴任した一人の医師がいた。その医師・李永春《イヨンチュン》（1903～1980）博士は農場で働く農民たちの健康管理を任され、治療と健康診断にあたった。また、彼は韓国のシュバイツァー博士ともいわれ、韓国で最初の医療保険組合を作り、看護学校を開設した。

博士は解放後、熊本利平の別荘を譲り受けて住み、群山の地域医療に一生を捧げている。すぐ脇には李永春博士が設立したポンジョン療養病院と群山看護大学もあり、彼の胸像が飾られている。

ログキャビン風の洒落たデザインが人目を引く

病院の庭に展示された李永春博士胸像

李永春邸
이영춘가옥
イ・ヨンチュン カオク

住所	：全羅北道群山市開井洞 413-1
開館時間	：10：00 ～ 17：00（11 月 ～ 2 月 は 16 時で閉館）
休館日	：年中無休
入場料	：無料

ロケに使われる玄関。煉瓦色の塀は完成当初は白壁だったとか……

再現されたかつての和室

旧広津吉三郎邸

米穀商として財をなした日本人の大邸宅

群山女子高校の近くに映画「将軍の息子」のロケに使われた古い日本家屋が残っている。米穀商として財をなした広津吉三郎（１８７８〜１９４９）が１９３５年に建てた武家屋敷風の木造2階建ての家で、10部屋も。この広津吉三郎、山口県平生町の出身で朝鮮半島に渡った当初は釜山で炭売りをしていたとか。しかし、大火で店が焼け、姪の嫁ぎ先である群山に身を寄せた。その後、日露戦争に諜報員として出征、除隊後に徴兵されたときかけた保険金を元手に韓国人地主と共同で米穀貿易商を始めたのだった。

彼の使用人の使い方は独特で、普通の店なら10人雇うところをスキルの高い人を8人雇って、給料を2割増しにする。月収１００円の者を10人雇うところを優秀な者8人を雇って月給１２０円を支払えば、月に１０００円要るところを９６０円で済み、雇い人はプライドを持って一生懸命働いて利益を上げ、雇い主も安く雇用できて結果的に得をするというものだった。

旧広津吉三郎邸

구 히로쓰가옥

クヒロスカオッ

住所　：全羅北道群山市新興洞 58-2

開館時間　：9：30 〜 17：00（土日祝日は 16 時で閉館）

旧朝鮮銀行群山支店

大正時代末期の郡山で最大 2008年文化財に

群山港のすぐ近く、内港十字路の角に赤煉瓦2階建ての大きなお化け屋敷のような廃墟が建っていた。看板にはハングルで「プレイボーイ」とある。

何か、いわく因縁がありそうな建物だと思ったら、かつての朝鮮銀行群山支店。

中村與資平の設計により1922年12月竣工したドイツ・セセッション様式。どうりで屋根がプロイセンの兜風のデザインなわけだ。大正時代末期の群山で最大の建物で2008年には登録文化財第374号に指定された。解放後は韓国銀行群山支店となり、その後、韓一銀行(ウリィ銀行の前身)群山支店を経て、キャバレーとなり、それが閉店となると荒れ放題に荒れ、お化け屋敷状態になったという次第。

中をのぞいたら、天井板や壁が崩れ、建物全体が歪んでいて今にもグシャッといきそうになっている。一応文化財指定されているが、早晩取り壊されるだろうな……と思っていたら、丁寧に修復されて、群山近代建築館に生まれ変わったのだった。

旧朝鮮銀行群山支店

구 조선은행 군산지점

ク チョソン ウネン クンサン チジョム

住所 : 全羅北道群山市
藏米洞 23-1

室内も美しく再整備された

博物館として修復される前は廃墟だった

古い和風住宅を移築して作った個性的な宿泊施設「古友堂」

群山月明洞街歩き

日本の古い町並みを訪れたような懐かしさ

韓石圭《ハンソッキュ》演じる難病で死期の近付いた青年の淡い恋の物語だった韓流映画「八月のクリスマス」。

そのロケ地がここ群山。その中でも月明洞一帯は古い日本家屋がリフォームされながら何とか残っている地域だ。

それだけでなく、最近になり、群山市が中心となって、昭和初期の古い民家を活用した町おこしを積極的に行っている。

その台風の目ともいえる存在が２０１２年開館の「近代歴史体験空間」。５千９２０平方メートルの敷地に21棟もの古い和風民家を移築し、１９３０年代の群山を体験できるようにした施設だ。そのうち春、夏、秋、冬、離れ、おもてなし空間など8棟あまりが宿泊施設「古友堂《コウダン》」として活用されている。

筆者の泊まった１泊３万ウォンの部屋。何と四畳半！

古友堂
고우당
コウダン

住所：全羅北道群山市月明洞16-6

東京・下町の長屋にそっくりな木造平屋の家。長屋の後ろ半分を取り壊して建て替えた？

下見板張りで入母屋作りの木造2階建ての家。一昔前の医院にあったような……

平屋の長屋だけど、ちょっと洋風な半切妻屋根で昔はおしゃれだった感じ

「ヨンシン科学商社」という看板のかかった小さな事務所も和風住宅

木造のボロ長屋に焼き肉屋や小さな事務所が入ってコントに出てくる商店街風に……

予約受付は電話で韓国語のみ。日本語は通じない。そして、韓国入国後レンタルやローミングなどで使えるようにした携帯電話番号を連絡しなくてはならず、宿泊料も銀行振り込み……と中級レベル以上の韓国語が出来ないと泊まるのが難しいハードルの高い宿。しかし、それをクリアすると、なんと、韓国なのに畳部屋に泊まれるという不思議体験が出来る大変ユニークな宿泊施設だ。因みに2013年には韓国観光公社の「優秀宿泊施設」のタイトルを受賞した。

そこまで韓国語が得意じゃないという方。諦めなくても大丈夫。そんなあなたのためにカフェとグッズショップも用意されている。

この「近代歴史体験空間」の周辺だが、そこいらじゅう普通の民家や商店が昭和初期の日本住宅をリフォームしたところばかりで、え？

見かけた戦前風住宅の数々

入母屋屋根に白い土壁……。一昔前の日本の家そのもの民家

塀越しにチラリと見える家の屋根が、日本国内の洋館っぽい…

今でこそ焼き肉屋だけどさ、元は小粋な洋館だったんだぜ……と主張しているかのようだ

だいぶあちらこちら修理しているが、木製サッシと側面の赤煉瓦壁が妙に古風な感じ

日本のどこかの駅前にあって、赤提灯と暖簾が下がっていれば似合いそうな建物

あっちもこっちも⁉……という感じなのである。

カメラ片手にぶらぶら歩いて一番驚いたのは韓国で初めて「文化住宅」を見かけたことだ。「文化住宅」というのは昭和初期に流行った建築様式でサザエさんに出てくる磯野家のような和風住宅の応接間か書斎の部分だけを洋館風デザインにした家のこと。明治大正期は大富豪や政治家がお客さんを接待する離れを立派な洋館に、自分たち一家が寝起きする母屋を武家屋敷風に建てていたのが、庶民に波及した結果出てきたものだった。

まさか、それを外国で目にするとは……。

月明洞は前述の旧広津吉三郎邸や東国寺からも近いところなので、一緒に回るとよいと思う。

見かけた戦前風住宅の数々

切妻屋根・木造平屋の地味な建物は鉄道や官庁の社宅に多いスタイルだった

恐らく屋根瓦も壁も木製サッシも竣工当時のものなのだろう。とにかく崩れそう……

今回一番びっくりした「文化住宅」。まさか外国で見かけるとは……

マンサード屋根（腰折れ屋根）の洋風住宅も今じゃカラオケボックスに……

行き方

長項線群山駅《チャンハンソンクンサンヨク》、または群山市外バスターミナルからタクシーで行こう。駅やバスターミナルは市街地から少し離れているので。

10章
全羅南道

전라남도　チョルラナンド

全羅南道で日本統治時代の建物が突出して多いのは木浦。湖南線の終着駅であり、日本本土や中国大陸との交易が盛んだったため、日本人町が形成されたところ。かつて神社やお寺だった建物が残っていたり、商店が妙に昔風だったり……。

若草色の壁と曲線的で優美なデザインが目を引く

旧朝鮮運輸 木浦支店

アールデコ調の優美な建物は1940年竣工の物流倉庫

旧湖南銀行木浦支店のすぐ近くに丸味を帯びた入口と若草色の壁……どこかアールデコを思い起こさせる2階建てのビルがある。

ここは1940年に竣工した旧朝鮮運輸・木浦支店で米や綿花などの物資輸送と荷役に利用された物流倉庫。日本国内でいえば、昔、駅前によくあった日通倉庫のようなものだ。

太平洋戦争で日本が負けて引き揚げた後は1948年に社名を韓国運輸に改め、1963年に大韓通運となり、物流倉庫として2000年代初頭まで使われたあと、「KIM YOUNG JA ART HALL（キム・ヨンジャ画室）」という個人のアトリエになり、現在は誰にも使われず廃屋となっている。

せっかくのアールデコ風の優美な建物なのにこのまま朽ち果てさせてしまうのは実にもったいないと思う。

旧朝鮮運輸 木浦支店

구 조선운수목포지점

クチョソンウンスモッポチジョム

住所：全羅南道木浦市繁華路 75

方形屋根の小さなお堂が本堂になっている

薬師寺

1927年建立 日本統治時代の寺

木浦の観光案内所でもらったパンフレットに韓国語でこんなことが書かれていた。

「1927年に建立された日本の寺社建築物を大韓曹渓宗薬師寺として使用」。日本統治時代の寺が、解放後も韓国のお寺として存続しているケースは群山の東国寺（旧月明山錦江寺）しか知らなかったので、この記述にはビックリ！

早速地図を頼りに行ってみたところ、小さな家がびっしりと建ち並ぶ丘の上にあった。

山門は仏画が描かれているだけで、普通の家みたいだ。そして内部は方形屋根の小さなお堂が一つと、お坊さんが寝泊まりする小さな小屋のみ。後日1930年発行の『木浦府史』を調べてみたら、かつてその丘が「木浦台」と呼ばれ、そこには1927年建立、2階建てで1階が庫裡、2階が本堂となった「臨済宗東福寺派木浦布教所・薬師寺」という寺があったことが記されていたのだった。

薬師寺
약사사
ヤクササ

住所：全羅南道木浦市木浦鎮路9番キル7-1

会議室

光州事件の舞台となった本館

旧全羅南道庁

1930年韓国人金舜河設計 光州事件の舞台となった建物

全羅南道庁は、2005年に全羅南道務安郡に移転。旧庁舎は今、解体か保存かで地域住民と政府の間でもめている。1930年に竣工した昭和初期の代表的な官庁建築だということで、本館は韓国登録文化財第16号に、会議室も光州市有形文化財第6号に指定されている。

設計者は金舜河《キムスナ》（1901〜1966）。この時代の官庁建築は日本人の建築家が設計している場合が多いが、ここは珍しく韓国人建築家の手によるもの。

実はここは民主化を求める市民と弾圧する韓国軍が衝突し、多数の死者を出したあの光州事件の舞台となった場所。

1980年5月18日に発生したこの事件では民間人144人、軍人22人、警官4人の死者を出しており、韓国政府としては覆い隠したい部分でもある。李明博《イミョンバク》前大統領はここを取り壊し、商業施設を建てようと躍起になったものの、光州事件で犠牲になった人たちの遺族が、この建物を活用し、人権博物館にしようと運動をしている。現在も封鎖状態のまままこう着状態なのだ。

旧全羅南道庁

구 전라남도청

ク チョルラナムドチョン

住所 ： 光州広域市東区光山洞 13

カフェ・幸せいっぱいの家

1930年代建築の東洋拓殖幹部住宅今はカフェに

木浦近代歴史館（旧東洋拓殖木浦支店）の向かいに瓦葺・入母屋造りの立派な和風住宅がある。そこは1930年代に建てられた木浦の東洋拓殖幹部住宅だった建物。初めて木浦を訪れた2003年には「羅商洙」という表札が掲げられていた。

羅商洙氏はこの地の素封家で第二次世界大戦後にこの家を入手。私が訪れたときは隣に住む息子さんが管理をしており、第2次世界大戦前に住んでいた人は福岡にいるとのことだった。

その後、羅商洙氏の御子息はこの家を売却。取り壊されると思いきや、昭和初期風のモダンな感じのカフェレストランに。それが「カフェ・幸せいっぱいの家」だ。かつて、看板メニューとして幸せ丼、チキンのクリームソース煮を出していたものの、現在はコーヒー、紅茶などドリンクのみを出している。

カフェ・幸せいっぱいの家

행복이 가득한 집

ヘンボギ　カドゥカンチブ

住所　：全羅南道木浦市中央洞１街3-1

営業時間　：11：00～22：00

定休日　：第１・第３月曜、旧正月、秋夕

右／風格のあるお屋敷だが、庭から見ると押縁下見の茶色い外壁がシブい！

中／子ども連れにはちょっと向かない静かで落ち着いたレトロモダンな大人の空間

左／庭にはなんと井戸と昔ながらの手押しポンプがあり、レトロな雰囲気

古い旅館と元神社だった家

古い港町のもと商家だった宿に泊まる

かつて木浦駅の近くに古い日本式住宅を改造した「裡里荘旅人宿《イリジャンヨインスク》」という簡易旅館があり、パク・ソモクさんというお婆さんが息子さんと切り盛りしていた。

なにやら日本式駅前旅館のようだったせいか、観光ガイド本でもネットでも取り上げられ、知る人ぞ知る宿だった。

１９４０年代初頭にとある韓国人の富豪が伝統的な韓国式住宅より立派に見えると入母屋造り瓦屋根の木造２階建て和風住宅を建て、それを解放後亡くなられたパク・ソモクさんの夫が譲り受け、旅館に改造し永らく使っていたそう。ここに初めて泊まってパクさんからその話を聞いたのだった。しかし、その後パクさんは腰を痛め、息子さんはソウルで仕事を見つけて離れてしまったため、旅館は閉鎖。

なんとも残念な話だ。二度目に裡里荘旅人宿に伺ったときその話を聞いてひどくがっかりしたのを未だに覚えているが、ふと向かいに目を向けると、もう一軒、古い旅館が。こちらは「麗水旅人宿《ヨスヨインスク》」という看板がかかっていて、裡里荘旅人宿に負けず劣らずの古い建物。

こちらのご主人は文守栄《ムンスヨン》さんという蘭を育てるのが趣味な方がオーナー。

「旅人宿《ヨインスク》」というのは日本でいえば簡易旅館。モーテルの半分程度で泊まれるが、その代わりトイレ・シャ

「岩崎製」という刻印入り屋根瓦

戦前の商人宿風な麗水旅人宿

廃業してしまった裡里荘旅人宿

かつて松島神社だった民家

ワーが共同となっていて、素泊まりが基本のところだ。あまり清潔な感じがしないので女性の方は躊躇されてしまうかもしれない。でも戦前物件に泊まれるという甘い誘惑とすぐ近くに銭湯があるという利便性から迷わずここに泊まった。韓国の銭湯は早朝5時か6時ぐらいから始まって夜6時か7時に店じまいするのが一般的なので、翌朝ゆっくり湯につかれるとほっとした。

そのおかげで翌日、文さんには面白い物をいろいろ見せてもらった。廊下に並ぶ引き戸はじつは破れてボロボロになった障子に壁紙を貼って引き戸にしたもので、破れたところから障子の桟が見える。そして、屋根から外した瓦には「製崎岩」、つまり右から左に岩崎製と刻印されていて、明らかに戦前物件であることを示していた。

当初ここは古い商家だと思っていたが、戦前の古い写真によく似たデザインの駅前旅館が写っており、どうも寅さん映画に出てくる商人宿だった様子。それだけではなく、文さんが「うちの近所には元神社の家があるんだよ。行ってみる?」というので、ついて行ったら、トタン板でおおわれた入母屋造りのへんな格好をした家。

なんと元は松島神社という総杉作りの神社だったが、戦後払い下げを受けて一般住宅に改造してお住まいなのだとか。ボロボロになって雨漏りするので現在の全面トタン張りに改造したとか。また、すぐそばには七十七階段といってかつての石段が石を交換されて、石碑共々残されていた。

麗水旅人宿

여수여인숙

ヨスヨインスク

住所：全羅南道木浦市光洞3街1-2

※麗水旅人宿は和瓦の傷みがひどいことから最近真新しい韓国瓦に葺きかえられた。

旧木浦日本領事館

朝鮮王朝時代の華やかな赤煉瓦洋館

1900年に竣工したルネッサンス様式の洋館

石段を上って、小さな丘の上に上がったところにルネッサンス様式・赤煉瓦2階建ての古風な洋館が建っている。

ここは朝鮮王朝末期の1900年に完成した元日本領事館。領事館はその後1914年になって木浦府庁となった。1974年に木浦市立図書館、1990年に木浦文化院と転用され、現在は閉鎖中。残念ながら、外観のみの公開となっている。

館内には未だに領事館時代の暖炉が残り、建物の裏手には太平洋戦争中に掘られた防空壕が残っている。

かつてここには天皇陛下の写真(御真影)が安置され、神社の代りに参拝するようにと設けられた奉安殿という鉄筋コンクリート製の一坪ぐらいの大きさの倉があったと案内板に書かれていた。こんなところにも戦時中の暗い世相の爪痕を感じずにはいられない。

かつて米軍の空襲に備えて掘られた防空壕

旧木浦日本領事館

구 목포 일본영사관

ク モッポ イルボン ヨンサグァン

住所：全羅南道木浦市
大義洞2街1-5

全羅南道記念物第174号に指定された旧東洋拓殖木浦支店の建物を使用

木浦近代歴史館

日本統治時代の木浦の様子を伝える

旧木浦日本領事館が閉鎖されたため、現在はこの建物が木浦の近代史を扱う博物館である。

こちらの建物は1920年に完成し営業を開始した旧東洋拓殖株式会社木浦支店の建物。釜山近代歴史館でも紹介したとおり、東洋拓殖は朝鮮半島に入植した日本人への融資や不動産経営などで朝鮮半島の経済を支配し、米などを安く日本本土に供給させるための国策会社で、韓国の人たちからは侵略者の先兵として常に睨まれてきた。

それだけに1階は日本統治時代の木浦の様子を伝える日本の郷土史館のような写真と展示物ばかりだが、2階は「日帝の侵略史」と題して日本が植民地朝鮮でどれだけ悪いことをしたかという搾取と圧迫をテーマにした写真展を行っている。

木浦近代歴史館

목포근대역사관
モッポ クンデ ヨクサグァン

住所　：全羅南道木浦市中央洞2街6
開館時間：9：00 ～ 17：30
休館日　：月曜、1月1日
入場料　：2000ウォン

現在は木浦文化院が入居

旧湖南銀行木浦支店

1926年竣工 今では木浦文化院に

かつて旧木浦日本領事館にあった木浦文化院が現在こちらの建物に移っている。赤煉瓦2階建ての頑丈そうなビルはどう見ても日本の郊外や地方都市にある古い銀行そのもののデザイン！

それもそのはず。元々銀行だったのだから。1920年に全羅南道地域発展のため、ヒョン・ジュノ（玄俊鎬）、キム・サンソプ（金商燮）、キム・ビョンノ（金炳魯）ら地元の資産家が出資し、湖南銀行を設立、その木浦支店として1929年に竣工した。

湖南銀行はその後東莱銀行を吸収、1942年に銀行の合併再編により、朝興銀行木浦支店となった。1997年のIMF通貨危機を契機に銀行再編が進み、2006年に朝興銀行は在日韓国人が出資し設立した新韓銀行に吸収され、新韓銀行木浦支店へと名前が変わった。

この新韓銀行はのちに支店を整理し、窓口を閉鎖、キャッシュディスペンサーだけにしてしまった。そのキャッシュディスペンサーも撤去され、今は木浦文化院が入っている。

旧湖南銀行木浦支店

구호남은행목포지점

ク ホナム ウネン モッポ チジョム

住所：全羅南道木浦市常楽路16番キル1

旧東本願寺木浦別院

1930年代に建てられた浄土真宗の寺院 今は市民文化センター

見ての通りの寺らしき建物だが、以前はこの建物が、教会として使われ、十字架まで掲げていたなんて信じられるだろうか? ここは1930年代に建てられた東本願寺木浦別院という元浄土真宗のお寺。

通常お寺というと木造だが、ここは石造りで木造のお寺のフォルムを再現するという大変珍しい構造の建物だった。日本の敗戦後、1957年に木浦中央教会が買い取って、礼拝堂としたため、ここに世にも珍しいお寺の姿をした教会が出来上がったのだった。1980年代には民主化運動の拠点となったとか。

2007年に教会は閉鎖、一時再開発で取り壊される話も浮上したものの、登録文化財第340号に指定され、修復の上、今は市民文化センターとなり木浦市民がイベントや講演会などの催し物を行う場として活用されている。

旧東本願寺木浦別院
구동본원사목포별원
ク トンポヌォンサ モッポ ピョルォン

住所 ： 全羅南道木浦市務安洞2-4

石造りだけどフォルムは日本のお寺そのもの

右／現在の谷城駅舎
中／古いディーゼル機関車
左／レールバイク

蟾津江 キチャマウル

映画セットのリアルさはイマイチだけど、駅舎は必見！

ここはチャン・ドンゴンとウォンビンが主演した映画「ブラザーフッド」を撮影した場所ということで、韓国映画好きの間ではそれなりに知られている知る人ぞ知るテーマパーク。

このテーマパークの中で一番価値があるのは恐らく駅舎だろう。入場券売り場にしっかり使っているが、大韓民国登録文化財第１２２号に指定された立派な文化財。現在のお城風スタイルをした現行駅舎の奥にあるこの旧駅舎は１９３３年に竣工した木造平屋で、昔ながらのローカル駅舎だ。

それから、構内に展示された古いディーゼル機関車と後の客車は実際に使われていたもの。あと、パーク内の宿泊用ロッジはセマウル号の廃車体を改造してベッドをセットしたものだし、構内の食堂も古い客車を改造したもの。食堂にはカルビタンやうどんなどが用意されているが、割とあっさり目の味で美味い。

さて、ここの人気アトラクションはレールバイクという自転車のよう

登録文化財第 122 号の旧谷城駅舎

右／客車改造の園内食堂
中／カルビタン
左／うどん

なペダルをこぐと進む「トロッコ」、線路の付け替えで廃線になった区間を利用し、遊覧ディーゼル列車が往復する「蒸気機関車」、そして「ブラザーフッド」の映画撮影で使ったセットのSLと客車の３つだろう。

線路がえらくクネクネしてるなぁっていうのとこぐのに結構力がいるなぁ……というのが率直な感想だったが、なんといっても自分で体験できるコーナーだ。トロッコを自分で動かせるってなかなか体験できるものではない。２人用と４人用があって、４人用は前に2席、後に2席。ただ、１人で行って、２人用をこぐのはちょっと大変……。

遊覧鉄道「蒸気機関車」は平日は1日3回、土日祝日は1日5回運行。客車の前後にSL型ディーゼル機関車が付いて往復運転している。立席券は発車直前まで売っているが、座席券はすぐに売り切れてしまうのでご注意を。車内では迷彩服の体操着（韓国の学校で「軍事教練」のときに使っていたらしく、ネイティブの人は懐かしがる）姿で駄菓子を売っている。

「ブラザーフッド」の映画セットのほうはといえば機関車は張りぼて、仕上がりは陜川映像テーマパークのものに比べてリアルさは劣る。

蟾津江キチャマウル

섬진강기차마을
ソムジンガン キチャマウル

住所：全羅南道 谷城郡 梧谷面梧枝里 汽車マウル路 232
開館時間：9：00～18：00
休館日：年中無休
入場料：3000ウォン（11月～3月のみ2000ウォン）
①遊覧鉄道
「蒸気機関車」
往復：座席7000ウォン／立席5500ウォン
片道：座席4500ウォン／立席4000ウォン
②レールバイク
2人乗り20000ウォン／4人乗り30000ウォン

特集
もう見られない建物
벌써 볼 수 없는 건물

再開発などで取り壊されたり、火災などで失われてしまった建物がいくつかある。今後、文化財に指定されていない建物の場合、解体撤去されて、このリストに加わるかもしれない。取材途中で解体されてしまったものをここに紹介したい。

里門雪濃湯
이문설농탕

かつて鍾路区にあった築100年以上の店舗

1902年に開業し、開業当初の建物で100年以上営業していたソルロンタン（牛骨を煮だして作る白いスープ）専門店。老舗を名乗る店がほとんど朝鮮戦争後まもなく創業したところが大半である中、戦前の建物でそのまま営業する実に貴重な店だったが、2011年に再開発に遭い、解体撤去されてしまい、近隣のビルに移転させられた。

かつて建物のあった住所 ◆ ソウル特別市鍾路区公平洞46番地

ルース母子院長老牧師邸
루시모자원장로목사저택

1930年竣工の美しい洋館

ここは日本統治時代忠清南道公立師範学校校長官舎だったところで、解放後は養護施設を併設した大きな教会の長老牧師の私邸となっていた。冬のある日、ここに住むご高齢の長老牧師を取材、「昔日本人が作った家でね、外見は洋風なんだけど、中は畳部屋だったね。オンドルに改造したけど、隙間風がひどくて寒いんだよ」という貴重な話をうかがったが、2011年に火災で焼失。

かつて建物のあった住所 ◆ 大田広域市中区宣化洞362-22

方魚洞都市環境整備組合

방어동　도시 환경 정비 조합

地元の人がここは日本統治時代警察署だったという建物

蔚山市の漁師町・方魚津を訪れたとき、一角に地域住民センターのような施設があったのだが、地元の人たちはここを警察署と呼んでいた。

武骨で単なる四角いコンクリートの箱にしか見えない建物だが、警察署なら証拠に赤い電灯とサイレンが残っていた。戦前の警察署なら文化財保護されるべきだと思うが、指定されないままいつの間にか消えてしまった。

かつて建物のあった住所 ◆ 蔚山広域市東区方魚洞 300 番地

平和堂印刷株式会社事務所

평화동인쇄 주식회사 사무소

曹渓寺門前の不思議な洋館だった平和堂印刷

鍾路区堅志洞の寺・大韓仏教曹渓宗曹渓寺門前の仏具屋が並ぶ通りに妙に古めかしいシャーロックホームズの探偵事務所風に見える赤煉瓦二階建てのオフィスがあり、平和堂印刷という看板が出ていたが、いつの間にか見当たらなくなった。

かつて建物のあった住所 ◆ ソウル特別市鍾路区堅志洞 60

仁寺洞の路地裏にあった洋館風の焼肉屋

인사동 골목 양옥 불고기점

神戸にあってもおかしくないたたずまい

1993年から1年間、延世大学語学堂に留学していたが、当時、曹渓寺を訪れた帰りに路地裏で偶然見つけた古い洋館。焼き肉屋に改造されていたが、店名や番地を残念ながらメモしていなかった。その後何度もその付近を歩いたが、二度と見ることはできず、再開発で姿を消したようだった。

かつて建物のあった住所 ◆ ソウル特別市鍾路区寛勲洞付近

鉄道予約
列車の切符の取り方

ネットで予約してみよう

韓国各地のレトロな建物巡りをしようとすると、鉄道は欠かせない。KTX をうまく使うと時間の節約になる。

日本での購入は韓国鉄道公社のホームページ（http://www.letskorail.com/）に移動し、右上の LANGUAGE を日本語にする。するとKR PASS RESERVATION のページが現れるので、そこで左上の乗車券をクリックする。オンライン予約に進み、日本語の予約画面を出す。

直通、乗換え、ハッピーレールパス（韓国在住の外国人専用の切符）のいずれかを選ぶようになっているが、直通を選ぶこと。
そして出発時間、出発 / 到着（乗車区間）、列車種別、大人何人、子供何人かの枚数を入力していく。

この場合駅名表示が全て英語になっているので、英語表記はあらかじめ調べておく必要がある。

全部入力して Inquiry（問合せ）のボタンを押すと、指定された日の列車が出てくる。都合のいい時間帯の列車の列車番号をクリックすると列車の時刻表が表示される。

この列車で行こうと決めたら、座席の種類を指定。緑色の「Select（選択）」ボタン（2 つ）のうち、「特室（＝グリーン車）」か「一般室(＝普通車)」を選び、表右上のオレンジ色のボタンをクリックすると、今度はパスポートに記載してある名前（ファーストネーム・ラストネーム。ローマ字表記）、性別 M/F、パスポート番号、国籍（もちろん JAPAN を選ぶこと）、メールアドレスを入力して「next」をクリックすると、クレジットカード番号を入力するページが現れ、号車番号や座席番号が同じページに出てくるのでメモした上で、クレジットカード番号と有効期限を入力して、「next」で次へ進むこと。使えるクレジットカードリストには JCB も入っているが、実際には契約の関係で使えなくなっているので、それ以外のカードを選ぼう。

ただし、初めて申し込む人の場合は電子決済用のソフト ActivX をインストールする表示が出るので、表示に従ってインストールすること。

バウチャー（指定券の引換券）を print で印刷し、出てきたバウチャーを駅の窓口で提出すれば､切符を発行してもらえる。なお、約受付開始は出発日の 30 日前の午前七時から、それと予約の際は現地での差額計算にも使うので、必ずクレジットカードを用意し、同じカードを受け取りの際も提出すること。かなり重いサイトなので途中でエラーになるかもしれない。エラーの場合は最初から手続きをし直すのだが、それでもうまくいかない場合は英語版でチャレンジしてみよう。

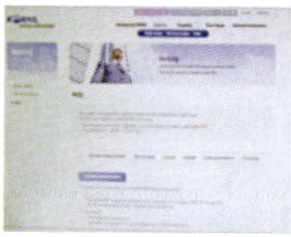

01 言語を日本語にして、KR PASS のページに

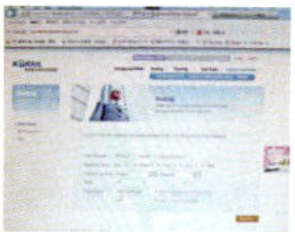

02 乗車日、区間、列車種別、枚数を入力

03 該当する列車が表示される

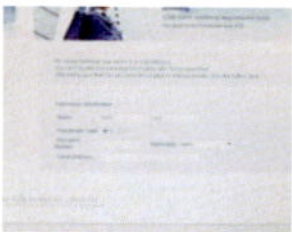

04 名前、パスポート番号、メールアドレスを入力

05 クレジットカード番号入力

旅の知恵

【出発前に……】

韓国に知り合いのいる方の場合だが、手土産の酒類は免税になるのは1本だけ。スーツケースの中にしまえば分からない？いいえ、赤外線で予め調べてしっかりチェックしているのだ。

あと、お腹を壊しやすい方は日本から下痢止めを持って行こう。韓国の薬局でも売っているが、人によっては強すぎて気分が悪くなったりすることもあるので……。

【韓国に着いたら……】

入国の手続きを済ませたら、空港内ですぐに携帯電話をレンタルをしよう。ローミングサービスは電話の着信やメールの送受信がとんでもなく高くつく。通話料別で1日1500ウォンぐらいから借りられる。Wi-Fiルーターだと1日当たり7300ウォン＋消費税10％。知り合いもいないのになんて思わないこと。韓国観光公社観光案内電話やホテルへの連絡などで使うので……。

両替はホテルに着くまでの最低必要なお金しか空港で両替してはいけない。空港とホテルは両替すると手数料も取られるし、レートがよくないからだ。お勧めは明洞などにある街の公認両替所。双方で1万円ずつ両替してみたら、6000ウォンぐらい差が付いてビックリ！お昼ごはん代を捻出するつもりで買い物用のお金は公認両替所で両替しよう。

地下鉄、バス、ソウル市内のタクシーはT-moneyという電子マネーで決済できる……というか、地下鉄の切符自体がSuica、ICOCA、SUGOCAのようなICカード乗車券で、紙で出来た切符を売っていない。1回用とチャージすれば何度でも使えるタイプの2種類だけ。旅行中は何度も地下鉄には乗るだろうから、空港に着いたらすぐに買うことをお勧めしたい。

【お土産を買い過ぎた】

その場合のお助け施設は郵便局！小包で日本に送ろう。段ボールは？心配ご無用。大きな郵便局の中かすぐそばには梱包屋さんがいるのだ。送る荷物を差し出して「ポジャンヘジュセヨ.」と言えば段ボールの山の中から丁度ぴったりの箱を取り出し、あっという間に包装してくれる。料金は日本円で100円前後の値段で収まるはず。さて、送り方だが、生ものならEMS、本などは船便がお勧めだが、EMS、航空便、船便のそれぞれの金額を聞いて決めてもいいと思う。なお差出人と送り先の書き方だが、差出人と送り先の名前は同じく自分の名前にして、住所は差出人の方をホテルの住所、送り先を自宅の住所にすればOK。

【お目当ての建物へのアクセスが分からない…】

携帯電話はレンタルされただろうか？そこから1330テレホンサービスに電話してみよう。24時間日本語で対応してもらえるので安心だ。アクセスだけでなく、免税店でボラれたなど困ったことがあったときにも相談に乗ってもらえる。

韓国国内であれば、(知りたい地域の市外局番+1330)、例えば、ソウル市内の建物へのアクセスなら02-1330にかけよう。

町歩きに必要な韓国語

挨拶

안녕하세요《アンニョンハセヨ》？ …… こんにちは。

감사합니다《カムサハムニダ》. …… ありがとうございます。

고마워요《コマウォヨ》. …… ありがとう。

미안합니다《ミアナムニダ》. …… ごめんなさい。

죄송합니다《チェーソンハムニダ》. …… すみません。

일본에서《イルボネソ》 왔습니다《ワッスムニダ》. …… 日本から来ました。

만나서《マンナソ》 반갑습니다《パンガプスムニダ》. …… お目にかかれて光栄です。

建物を訪ねる

걸어서《コロソ》 갈《カル》 수《ス》 있어요《イッソヨ》？ …… 歩いて行けますか？

여기서《ヨギソ》 몇 분《ミョップン》 걸려요《コルリョヨ》？ …… ここから何分かかりますか？

이《イ》 건물은《コンムルン》 멋있군요《モッシックニョ》. …… この建物は素敵ですね。

사진을《サジヌル》 찍어도《ッチゴド》 돼요《トェヨ》？ …… 写真を撮ってもいいですか？

バスに乗る

○○가는버스《○○カヌンポス》 정류장은《チョンニュジャヌン》 어디예요《オディエヨ》？ …… ○○に行くバスの停留所はどこですか?

이《イー》 버스는《ポスヌン》 ○○까지《○○ッカジ》 가요《カヨ》？ …… このバスは○○まで行きますか？

다음《タウム》 정류장에서《チョンニュジャンエソ》 내립니다《ネリムニダ》. …… 次の停留所で降ります。

여기서《ヨギソ》 내려《ネリョ》 주세요《ジュセヨ》. …… ここで降ろしてください。

タクシーに乗る

여기《ヨギ》 써《ソ》 있는대로《インヌンデロ》 가《カ》 주세요《ジュセヨ》. …… ここに書いてある所に行ってください。

여기서《ヨギソ》 잠깐만《チャムカンマン》 기다려《キダリョ》 주세요《ジュセヨ》. …… ここで少し待っていてください。

여기서《ヨギソ》 세워《セウォ》 주세요《ジュセヨ》. …… ここで停めてください。

買い物／食事

이것을《イゴスル》 주세요《チュセヨ》. …… これください。

○○있어요《イッソヨ》? …… ○○ありますか？

※○○に入れる単語の例

라면《ラミョン》 …… ラーメン

김《キム》 …… 海苔

화장품《ファジャンプム》 …… 化粧品

김치《キムチ》 …… キムチ

고추장《コチュジャン》 …… コチュジャン

T-money 카드《カードゥ》 …… T マネーカード（韓国の IC カード乗車券）

다른색《タルンセク》 …… 他の色

더《ト》 큰《クン》 것《ゴッ》 …… もっと大きなもの

더《ト》 작 은《チャクン》 것《ゴッ》 …… もっと小さなもの

이《イ》 사진의《サジネ》 물건은《ムルゴヌン》 어디에《オディエ》 있어요《イッソヨ》? …… この写真の品物はありますか？

※予め欲しい品物をネットで探してプリントアウトし、それを見せながら尋ねる場合に使う。

싸게《サゲ》 해《ヘ》 주세요《ジョセヨ》. …… 安くしてください。

됐어요《トェッソヨ》. …… 結構です（断る場合）。

저기요《チョギヨ》. …… すみません！（店の人を呼ぶとき）

索　引

	建物名	地区名	竣工年	文化財指定年	指定文化財	ページ
ア行	李永春邸	全羅北道	1920 年代	2003 年	全羅北道有形文化財第 200 号	130
	旧群山税関	全羅北道	1908 年	1994 年	全羅北道記念物 第 87 号	129
	昔の品物博物館	京畿道 坡州市			未指定	55
	梨花女子高校 シンプソン記念館	ソウル特別市中区	1915 年	2002 年	韓国登録文化財第 3 号	19
	臨時首都記念館	釜山広域市	1926 年	2002 年	釜山市記念物第 53 号	92
	裡里荘旅人宿	全羅南道	1940 年代初頭		未指定	142
	一山駅	京畿道 高陽市	1933 年	2006 年	韓国登録文化財第 294 号	52
	臨陂駅	全羅北道	1936 年	2005 年	韓国登録文化財第 208 号	127
	一民美術館	ソウル特別市鍾路区	1926 年	2001 年	ソウル市有形文化財 131 号	29
	仁川開港博物館	仁川広域市	1899 年	1982 年	仁川市有形文化財第 7 号	61
	仁川開港場近代建築博物館	仁川広域市	1890 年	2002 年	仁川市有形文化財第 50 号	60
	仁川中洞郵便局	仁川広域市	1923 年	1982 年	仁川市有形文化財第 8 号	62
	原州駅給水塔	江原道	1940 年代	2004 年	韓国登録文化財第 138 号	78
	雲峴宮洋館	ソウル特別市鍾路区			未指定	28
	ウリィ銀行鍾路支店	ソウル特別市中区	1909 年	2002 年	ソウル特別市記念物第 19 号	18
	蔚気灯台	蔚山広域市	1906 年	2004 年	韓国登録文化財第 106 号	117
	蔚山旧三湖橋	蔚山広域市	1924 年	2004 年	韓国登録文化財第 104 号	116
カ行	カフェ・History	仁川広域市	1930 年代		未指定	67
	江景旧延壽堂乾材大薬房	忠清南道論山市	1923 年	2002 年	韓国登録文化財第 10 号	77
	江景産業高校校長官舎	忠清南道論山市	1931 年	2007 年	韓国登録文化財第 322 号	76
	京橋荘	ソウル特別市鍾路区	1939 年	2005 年	韓国史跡第 465 号	32
	慶州駅	慶尚北道	1936 年		未指定	89
	慶北大学医学部本館	大邱広域市	1933 年	2003 年	韓国史跡第 442 号	83
	慶北大学校師範大学附属中学校	大邱広域市	1923 年	2002 年	韓国登録文化財第 5 号	85
	慶北大学病院	大邱広域市	1928 年	2003 年	韓国史跡第 443 号	82
	旧谷城駅舎	全羅南道	1933 年	2004 年	韓国登録文化財 122 号	148
	旧新亞日報社別館	ソウル特別市中区	1930 年代	2008 年	韓国登録文化財第 402 号	23
	旧昭和荘アパート	釜山広域市	1944 年		未指定	95
	旧第一銀行原州支店	江原道	1934 年	2005 年	韓国登録文化財第 164 号	79
	旧鎮海郵便局	慶尚南道	1912 年	1984 年	韓国史跡 291 号	112
	旧忠清南道庁舎	大田広域市	1932 年	2002 年	韓国登録文化財第 18 号	74
	旧春浦駅駅舎	全羅北道	1914 年	2005 年	韓国登録文化財第 210 号	126
	旧朝鮮銀行群山支店	全羅北道	1922 年	2008 年	韓国登録文化財第 374 号	132
	旧朝鮮運輸木浦支店	全羅南道	1940 年		未指定	138
	旧全羅南道庁	光州広域市	1930 年	2002 年	韓国登録文化財 16 号	140
	旧清風荘アパート	釜山広域市	1941 年		未指定	95
	旧東本願寺木浦別院	全羅南道	1930 年代	2007 年	韓国登録文化財第 340 号	147
	旧広津吉三郎邸	全羅北道	1935 年	2005 年	韓国登録文化財第 183 号	131
	旧釜山鎮日新女学校校舎	釜山広域市	1905 年	2003 年	釜山市記念物第 55 号	101
	旧百済病院	釜山広域市	1922 年		文化財登録指定検討中	100
	旧湖南銀行木浦支店	全羅南道	1929 年	2002 年	韓国登録文化財第 29 号	146
	元松島神社	全羅南道	1916 年（建立）		未指定	143
	旧アメリカ文化院	ソウル特別市中区	1938 年	2006 年	韓国登録文化財第 238 号	21
	旧木浦日本領事館	全羅南道	1900 年	1981 年	韓国史跡第 289 号	144
	旧木浦日本領事館防空壕	全羅南道	太平洋戦争中	2014 年	韓国登録文化財 588 号	144
	国立民俗博物館・野外展示場	ソウル特別市鍾路区			未指定	38
	桂山聖堂	大邱広域市	1902 年	1981 年	韓国史跡第 290 号	86
	古友堂	全羅北道	1920～40 年代		未指定	133
サ行	深川駅	忠清北道永同郡	1934 年	2006 年	韓国登録文化財第 297 号	75
	新戡蠻埠頭鶴瀬灯台	釜山広域市	1905 年		未指定	99
	新世界百貨店本館	ソウル特別市中区	1930 年		未指定	15
	新村駅	ソウル特別市西大門区	1920 年	2004 年	韓国登録文化財第 136 号	48
	ソウル市立美術館南ソウル分館	ソウル特別市冠岳区	1905 年	1977 年	韓国史跡第 254 号	49
	ソウル市立美術館本館	ソウル特別市中区	1928 年	2006 年	韓国登録文化財第 237 号	20
	ソウル歴史博物館	ソウル特別市鍾路区			未指定	37
	ソウル市電	ソウル特別市鍾路区	1930 年頃	2010 年	韓国登録文化財第 467 号	37
	ソウル大学病院医学博物館	ソウル特別市鍾路区	1908 年	1976 年	大韓民国史蹟第 248 号	31
	ソウル特別市議会	ソウル特別市中区	1935 年	2002 年	韓国登録文化財第 11 号	16
	仙鶴コムタン	慶尚南道	1912 年	2005 年	韓国登録文化財第 193 号	114

	建物名	地区名	竣工年	文化財指定年	指定文化財	ページ
	蘇莱浦口駅	仁川広域市			未指定	69
	松亭駅	釜山広域市	1934 年	2006 年	韓国登録文化財第 302 号	106
タ行	ダビチ眼鏡大田支店	大田広域市	1936 年	2002 年	韓国登録文化財第 19 号	72
	鎮海駅	慶尚南道	1926 年	2005 年	韓国登録文化財第 192 号	111
	ジャージャー麺博物館	仁川広域市	1908 年	2006 年	韓国登録文化財第 246 号	66
	昌慶宮大温室	ソウル特別市鍾路区	1909 年	2004 年	韓国登録文化財第 83 号	35
	佐川駅	釜山広域市	1934 年		未指定	107
	中区文化院	仁川広域市	1901 年	1993 年	仁川市有形文化財第 17 号	64
	中区庁	仁川広域市	1933 年	2006 年	韓国登録文化財第 249 号	63
	晋州駅車両整備庫	慶尚南道	1925 年	2005 年	韓国登録文化財第 202 号	110
	ディーゼル機関車	釜山広域市	1951 年	2008 年	登録文化財第 416 号	104
	大邱第一教会	大邱広域市	1937 年	1992 年	大邱市有形文化財第 30 号	87
	大邱東山病院旧館	大邱広域市	1931 年	2002 年	韓国登録文化財第 15 号	84
	東亜大学富民キャンパス	釜山広域市			未指定	108
	東亜デパート	釜山広域市	1931 年		未指定	96
	東国寺	全羅北道	1932 年	2003 年	韓国登録文化財第 64 号	128
	東莱別荘	釜山広域市	1920 年代初頭		未指定	102
	東莱駅	釜山広域市	1934 年		未指定	105
ナ行	南大門市場	ソウル特別市中区			未指定	26
	南浦洞乾魚物市場	釜山広域市	1930 ～ 40 年代		未指定	97
ハ行	陜川映像テーマパーク	慶尚南道			未指定	120
	八堂駅	京畿道南楊州市	1939 年	2006 年	韓国登録文化財第 295 号	51
	方魚津漁村住宅街	蔚山広域市			未指定	118
	韓国銀行貨幣金融博物館	ソウル特別市中区	1912 年	1981 年	韓国史跡 280 号	13
	韓国近現代史博物館	京畿道 坡州市			未指定	56
	韓国スタンダードチャータード銀行第一支店	ソウル特別市中区	1935 年	1989 年	ソウル市有形文化財 71 号	14
	韓国鉄道公社釜山鉄道車輌整備団	釜山広域市	1935 年		未指定	104
	韓国放送通信大学	ソウル特別市鍾路区	1908 年	1981 年	大韓民国史跡 279 号	33
	韓国文化芸術振興院	ソウル特別市鍾路区	1924 年		未指定	30
	盤谷駅	江原道	1941 年	2005 年	韓国登録文化財第 165 号	80
	韓電プラザ	ソウル特別市中区	1928 年	2002 年	韓国登録文化財第 1 号	17
	ハンバッ教育博物館	大田広域市	1938 年	2002 年	大田市文化財資料第 50 号	73
	花本駅	慶尚北道	1938 年		未指定	88
	花郎台駅	ソウル特別市蘆原区	1939 年	2006 年	韓国登録文化財第 300 号	50
	釜山近代歴史館	釜山広域市	1929 年	2001 年	釜山市記念物第 49 号	93
	釜山地方気象庁	釜山広域市	1934 年	2001 年	釜山市記念物第 51 号	94
	釜山市電	釜山広域市	1927 年		未指定	108
	仏国寺駅	慶尚北道	1936 年		未指定	90
	ヘイリ文化芸術村	京畿道 坡州市			未指定	54
	培材学堂歴史博物館	ソウル特別市中区	1916 年	2001 年	ソウル特別市記念物第 16 号	22
	培花女子高生活館	ソウル特別市鍾路区	1916 年	2004 年	韓国登録文化財第 93 号	36
	カフェ・幸せいっぱいの家	全羅南道	1930 年代		未指定	141
	虹霓門	仁川広域市	1908 年	2002 年	仁川市有形文化財第 49 号	67
	洪蘭坡邸	ソウル特別市鍾路区	1930 年	2004 年	韓国登録文化財第 90 号	34
マ行	明洞聖堂	ソウル特別市中区	1898 年	1977 年	韓国史跡 258 号	24
	明洞芸術劇場	ソウル特別市中区	1936 年		未指定	25
	文化駅ソウル２８４	ソウル特別市中区	1925 年	1981 年	韓国史跡 284 号	8
	ムルコン食堂	釜山広域市	1930 ～ 40 年代		未指定	98
	木浦近代歴史館	全羅南道	1920 年	1999 年	全羅南道記念物第 174 号	145
ヤ行	薬師寺	全羅南道	1927 年		未指定	139
	料食業組合事務所	仁川広域市	1892 年	1993 年	仁川市有形文化財第 19 号	65
	麗水旅人宿	全羅南道	不明（戦前）		未指定	142
	延世大学校スティームソン館	ソウル特別市西大門区	1920 年	1981 年	韓国史跡第 275 号	47
	延世大学校アペンゼラー館	ソウル特別市西大門区	1924 年	1981 年	韓国史跡第 277 号	46
	延世大学校アンダーウッド館	ソウル特別市西大門区	1924 年	1981 年	韓国史跡第 276 号	47
	延世大学校漢慶館	ソウル特別市西大門区	1940 年		未指定	46
	延世大学校ピンスンホール	ソウル特別市西大門区	1922 年		未指定	46
	影島大橋	釜山広域市	1934 年	2006 年	釜山市指定文化財第 56 号	103

あとがき

本書では、家や商店、ビルだけとは限らず、寺院、工場、灯台、橋など様々な建築物を紹介してみた。これらの光景は日本の統治が日本の街そのものを韓国に作ってしまったということの証左だと思う。日本が統治する以前の韓国の地には朝鮮王朝があり、儒教が盛んで、茶人に人気の李朝白磁があり、ハングルを創生し、イサンが王様だった時代には中国の技術書を元に挙重機《コジュンギ》というテコと滑車を組み合わせた一種の手動式クレーンを開発し、水原華城の建設工期短縮を図るなど独自の文化が存在した。

そして、江戸時代の日本はそんな朝鮮王朝に畏敬の念を抱き、朝鮮通信使に対しては下にも置かない丁重なおもてなしをしていた。それが、明治新政府は手のひらを返したかのように朝鮮王朝文化を見下し、日本的な価値観を一方的に押し付けたのだ。

産業革命と近代化を伝える過程で、そんな韓国の人たちへの心情をもう少し忖度《そんたく》してもよかったのではないか？ 取材の過程で何度かそう感じた。

そして、日本が韓国に作りだした日本風の都市景観は再開発により現在次々と失われている。登録文化財として保護されている建物は恐らく、実際にご覧になれるだろうとは思うが、文化財指定されていない建物などはもしかしたら、取り壊されているかもしれない。ご覧になりたい方はお早めに。

２０１５年７月

やまだトシヒデ

著者プロフィール

やまだトシヒデ

本名：山田 俊英
1962年7月20日東京都新宿区出身、横浜市在住。
関東学院大学経済学部、韓国・延世大学語学堂卒業。
主な著書は、『韓国の鉄道』（JTBパブリッシング）、『ポケット図解 韓国がよーくわかる本』『韓国の鉄道の旅をとことん楽しむ本』（秀和システム）、『別冊宝島あなたが知らない韓国！ 100のトリビア』（宝島社）がある。

ホームページ 日韓万華鏡 http://j-k-mangekyo.sakura.ne.jp/

写真：やまだトシヒデ
写真協力：韓国観光公社（P24, P90）
ブックデザイン：3mg
編集：田島安江・池田雪（書肆侃侃房）
協力：金玉珠 金知映 趙成根 鄭光輝 キム・ユスン（洪蘭坡邸） 権五榮 李淞植 金昺秀
※本書のデータは2015年7月のものです。内容は変更されることがありますのでご了承ください。

KanKanTrip12
韓国に遺る
日本の建物を訪ねて

2015年8月30日　第1版 第1刷発行

著　者　やまだトシヒデ
発行者　田島安江
発行所　書肆侃侃房（しょしかんかんぼう）
〒810-0041 福岡市中央区大名2-8-18 天神パークビル501（システムクリエート内）
Tel 092-735-2802　fax 092-735-2792
http://www.kankanbou.com　info@kankanbou.com

印刷・製本　大同印刷株式会社

　ISBN978-4-86385-194-8